星级俏美人

超级护肤、塑身、美妆术

（日）SDP 编著
韩 辉 译

脸部护理
FACIAL CARE

塑身
BODY MAKING

化妆
MAKE UP

美容专家
铃木纱里
×
友情出演
小谷早弥花

美容专家
涩谷有里
×
友情出演
克里斯蒂娜

美容专家
飞田卓司
×
友情出演
冈步与天川美穗

辽宁科学技术出版社
·沈阳·

前言

美丽并非一日之功！

变漂亮并能持久美丽动人并不是那么简单。

那些美丽的演员、模特们之所以光彩照人，其秘诀在于平日一点一滴地积累，而不是掌握了什么魔法。

其实美丽的秘诀非常简单并且十分基础，可谓出乎所有人的意料。

重点在于你能否准确掌握并实际运用。

譬如洗脸之前，你有没有先仔细地把手洗干净呢？

那些貌美如花的职业演员与模特们可是深谙这些小事的重要性哦！

真正的美丽是脸部护理＋塑身＋化妆。基于这种观点，本书涵盖了以上三部分的内容，是一本名副其实的“星级”美容书。

仅仅努力做其中的一项不可能达到全身美丽的效果。完美无瑕的肌肤、曲线玲珑的身姿、魅力四射的妆容，这三项缺一不可。

在本书中，由三名美容专家组成的“无敌教练组”将分别指导大家完成这三项美容任务，他们曾一手打造出许多漂亮的演员与模特。

至于具体的美容操作技巧，则由活跃在各大媒体的当红演员与模特“友情出演”。

Star-dust 事务所培养出了人数众多的演员与模特，所以此次策划及合作可谓阵容强大。

如果您想“变得比现在更漂亮一些”，那么千万不要错过本书。

既不盲目地自我独创，也不一味效仿他人，而是把最基本的美容技巧真正变成自己的东西，美丽动人，绝非幻想！

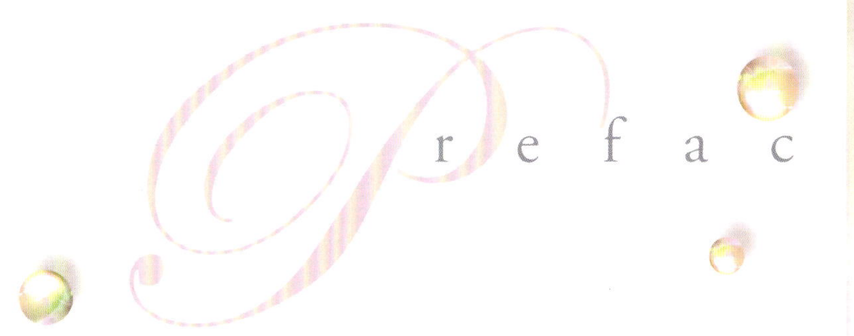

目录

Contents

塑身 30

美容专家 涩谷有里 ╲ 友情出演 克里斯蒂娜

化妆 56

美容专家 飞田卓司 ╲ 友情出演 冈步与天川美穗

本书的结构与使用方法

本书由三部分构成，从而方便大家只通过这一本书就能掌握脸部护理、塑身及化妆等全部基础性美容技巧。

其中每一个美容过程都分左右两页介绍，简便易学。只要您严格按照书中介绍的顺序坚持美容，就一定会变得更加漂亮。

塑身

提臀练习

臀部下垂，这可是拥有曼妙身姿的一大障碍。如果您能坚持我们推荐的提臀练习，那么您一定能够拥有梦寐以求的完美翘臀。配合美腿练习，打造出适合牛仔裤装的下半身曲线吧！

每一个美容过程都分左右两页介绍

帮助读者迅速、准确理解效果及目的

步骤 1

单手搭在椅背上站好，另一只手握住脚掌。然后向前缓慢伸出膝盖。

与前面的练习相反，这次将脚尖向后提拉至臀部，呼气的同时保持10秒不动。

左右各保持10秒

因为大腿内侧和臀部的肌肉是连在一起的，所以若能灵活完成这套动作，就有望取得有效的紧致效果。

握住脚掌

向前缓慢伸出

脸部护理 + 塑身 + 化妆

通过本书，可以彻底了解美丽的根本所在。

通过照片及文字，可以了解各步骤的先后顺序

详细说明哪些事情不可以做

脸部护理

彻底清洁，确保美丽不流失；按摩，打造出肌肤活力。

即便裸妆，也要美丽动人。

本书的与众不同之处

美丽三部曲

真正的美丽由脸部护理、塑身和化妆三部分构成，缺一不可。

女性演员与模特的必携宝典

即便是专业人士，也会有这样那样的烦恼和自卑感。

三位美容专家倾情传授日常实用美容技巧，全面指导大家如何变得更加漂亮。

便于使用和尝试

本书中不存在晦涩难懂的语言表达方式及美容技巧。

每一种方法都可以使用并融入到每天的日常生活。

为了方便读者，书中所有的美容过程都分左右两页介绍。

塑身

为打造出凹凸有致的曼妙身材，由内而外地锻炼自己。

喜欢上自己的身体

“模特技巧”有助于了解能够变得更加漂亮的秘密所在

各部分颜色不同，便于快速检索和查找

简单易懂的建议

细致入微的提示

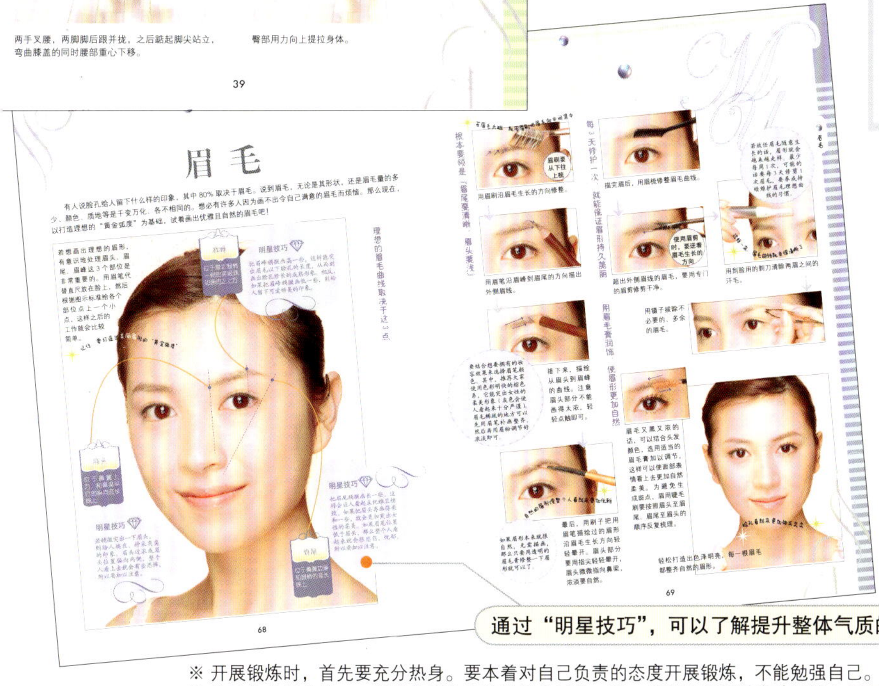

化妆

脱离自我意识的妆容，能最大限度地突出自身魅力的基础性化妆方式。

打造出能使自己光彩夺目的妆容

通过“明星技巧”，可以了解提升整体气质的窍门

※ 开展锻炼时，首先要充分热身。要本着对自己负责的态度开展锻炼，不能勉强自己。
※ 涂抹化妆品之前，一定要先确认皮肤是否会过敏。即，必须要在做过皮肤测试之后再使用化妆品。
※ 目前身体有所不适的读者一定要咨询过医生之后再进行美体锻炼。

1984 年 10 月 16 日出生于大阪府。作为模特、演员活跃在影视、广告等各种领域。

脸部护理

即便裸妆，也要美丽动人。

完美无瑕的肌肤是美丽的基础——裸妆时肌肤所散发出的光泽是使用所有美容方法之前最基础的部分。从每天清晨的洗脸开始，日复一日地坚持做最基本的肌肤清洁，然后再通过按摩防止肌肤松弛，用安全的美容方式打造出生动的面部表情。

把素面朝天变成骄傲的资本，拥有和演员、模特一样可以引以为豪的美丽肌肤吧！

美容专家
铃木纱里

美容师兼精神分析师，创办了美容沙龙“AGLAIA-BEAUTY”。她是法国著名化妆品牌“嘉露芬”在日本唯一公开承认的美容训练师及辅导员。2005年5月在位于西班牙马略卡岛的家中成立了“AGLAIA-BEAUTY”美容沙龙，同年12月在东京创建同名店。由于沙龙所倡导的独特方法不仅可以锤炼肉体，还可以陶冶情操，所以在极短的时间内就吸引了来自世界各国的女星及名媛，成为美容沙龙界的奇葩。著有《精神美容 Spiritual-esthetique》一书（大和出版社）。

网站：http://www.aglaiasaly.com

演员与模特的美丽基础

从每天的“美丽仪式”开始

脸部护理不需要特别的美容工具。

因为在帮助肌肤焕发光彩、挖掘肌肤魅力方面，没有比手更好的美容工具。

但是，无论多么好的工具，如果不能妥善运用，也是起不到任何效果的。

只要了解简单的规则、有目的地去做，那么所有的做法都能提升到“美丽仪式”的高度。

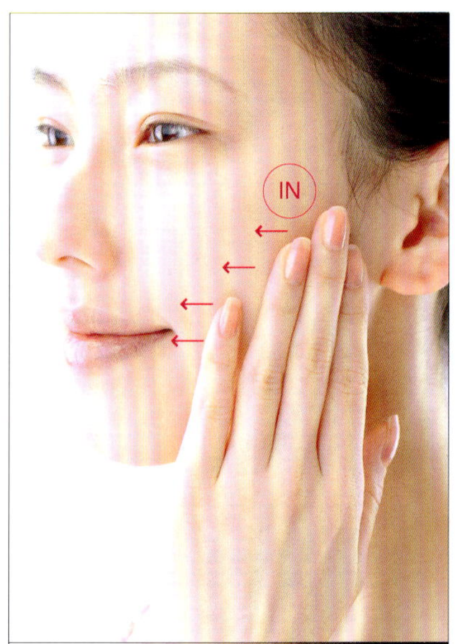

手心是IN、手背是OUT

手掌内外力量的作用方向不同。譬如，在拂拭灰尘时，我们往往使用手背。这是因为手背能够排出肌肤内沉积的污物及毒素。相反，在涂抹化妆水和美容导入液、帮助肌肤锁住滋润成分时，我们往往要借助手心。

眼睛也是肌肤的一部分。漂亮的明眸可以让脸部表情看起来更加明朗、健康。闭上眼睛后把热毛巾敷在双眼的眼皮上，从而有效促进血液循环。这样做能够有效防止眼睛充血、倦怠无神，还能保持白眼珠的美感。

您是否把每天的洁面单纯地认为是"化妆前的准备阶段"或者"最起码的日常美容步骤"呢？如果持有这种消极的认识，那么永远都不会拥有真正的美丽。明天要比今天好、后天要比明天好，总之要一天比一天漂亮——以此为目标来改变自己吧！希望大家牢记：能让自己变得神采飞扬、光艳照人的，其实正是自身的力量！

向内是IN、向外是OUT

双手在脸上滑动游走时，向内打圈可以帮助肌肤进一步吸收化妆水；向外打圈则有助于让藏在肌肤内部的脏东西浮出表面。平时看似无意识的一些举动，其实只要加以注意就会增强护理效果。

洗脸

早晨洗脸与晚上洗脸的作用各不相同。

由于白天饱受化妆品与大气污染物的侵扰，到晚上时肌肤已经疲惫不堪。卸妆之后，温柔地洗脸来慰劳肌肤，帮助其恢复活力，这也是晚上洗脸的作用所在。早上洗脸是为了清除熟睡过程中堆积而成的老化角质、皮脂及灰尘等，进而为新的一天能够保持一个漂亮的妆容做好准备工作，总之是非常重要的一个过程。

但洗脸并不只是洗掉脏东西就可以了。水嫩滋润的面部肌肤将为一天的美丽形象奠定基础。为此，请大家务必记住下面所提及的美容要点。

感觉就像是搅拌做糕点用的奶油

在开始所有的步骤之前，切记一定要先把双手洗干净。指甲缝及各手指之间也不能忽视哦!

打出细腻柔滑的泡沫

取珍珠大小的洁面乳于掌心，加少量的水后用另一只手轻轻搅拌，混入空气打出泡沫。为了能够打出丰富的泡沫，切记一定要先把双手洗干净。

建议使用含有天然成分的有机类洁面乳。角质较厚、皮肤粗糙的人可以使用添加有AHA及酶等成分的洁面乳。

尤其要好好清洗鼻翼两侧

先从容易出油的T形区开始

先把洁面乳涂在容易出油的额头至鼻子（T形区）部位。用指腹轻柔按摩，若能有效清除皮肤表面及毛孔内暗藏的油脂，那么之后化好的妆也不容易脱落。

用泡沫吸附毛孔深处的污垢

容易干燥粗糙的脸颊和脖子不要过分搓揉

按照从脸颊到脖子和眉眼的方向涂抹上充足的洁面泡沫。注意不要过分搓揉皮脂分泌较少、容易干燥粗糙的部位，双手借着泡沫轻柔按摩即可。

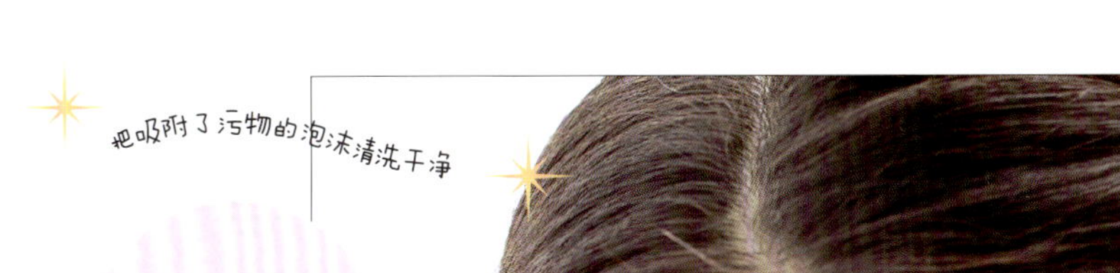

把吸附了污物的泡沫清洗干净

模特技巧

先用40℃左右的温水洗脸，然后再用冷水冲洗一遍。这样有助于紧致毛孔、促进新陈代谢，从而使肌肤健康且充满活力。

只要洗干净，就好了

认真、仔细地把洁面泡沫清洗干净，不能留有残余，尤其要注意脸框和发际部分。

That's NG!

千万不能挤压粉刺

青春痘或激素分泌失调生成的粉刺，许多人为此烦恼不堪。但是就算心里非常在意，也千万不能挤压粉刺、将其弄破。因为一旦留下痘痕就很难补救了。做美容时，虽然有时会使用专业的“粉刺吸取器”，但由于每个人的皮肤再生能力存在差异，所以还是不用为妙！随着时间的流逝，脸上长出的粉刺会自然而然地消失。所以不要摸碰它，放任不管、顺其自然就可以了。

化妆水

把脸上的脏东西洗干净之后，要给肌肤充分补水。
先用化妆水，这样之后涂抹的美容导入液及乳液就很容易被吸收。

为有效清除老化角质，推荐使用添加AHA成分、有去角质效果的化妆水。但是由于AHA成分不能涂抹在眼部，所以眼睛周围要使用添加有美容导入液成分的化妆水。

注意不要拍打脸部，而是轻柔擦拭

油性肌肤、干性肌肤或二者兼具的混合性肌肤在适度补水的同时清除多余的老化角质也是非常必要的。取充足的量于化妆棉上，轻柔擦拭脸部，不要拍打，全面滋润面部的每一个角落。

补水和去角质，双重效果，一举两得

实际上，肌肤容易出油是因为缺水而导致皮脂代为提供水分。虽然健康的肌肤离不开皮脂，但如果分泌过量就会适得其反。为肌肤适度补水，皮脂分泌就会协调自然，肤质也会达到最佳状态。

可以把充分浸过化妆水的一张化妆棉轻轻剥离成两张。

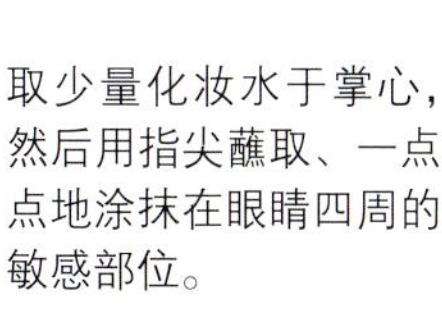

取少量化妆水于掌心，然后用指尖蘸取、一点点地涂抹在眼睛四周的敏感部位。

若肌肤比较敏感，建议使用含美容导入液成分的化妆水。这样不仅可以给肌肤补充水分，还能有效改善肌肤状态。

敏感类肌肤要用手心轻柔呵护

模特技巧

实际上，从给肌肤补水的角度讲，比起化妆水我们更建议大家使用微发泡型的碳酸水。尤其是产自欧洲、硬度较高的碳酸水，其泡沫不仅具备天然温泉的功效，而且能有效帮助氧化的肌肤恢复活力。使用碳酸水时，切记一定要先在手腕等不引人注目的地方做皮肤试验，以免过敏。

最后用手心包住脸颊

敏感类肌肤一不小心就会出现炎症、红肿等问题，这是由于角质层的锁水能力下降所导致的。这种情况下，涂化妆水时可以轻轻拍打脸部，促进吸收。

美容液

涂美容导入液是不可缺少的一步。它为后面使用乳液做好了准备，并能有效防止妆容脱落。

根据肤质选用含保湿及控油成分的美容导入液，这样有助于调整肌肤状态。

有效利用最佳美容工具——双手的同时，脑海中要时刻有“变漂亮”的强烈意念。

从容易干燥的眼睛开始

用指腹温柔按压，帮助吸收

涂完化妆水之后、涂美容导入液之前要间隔1分钟

给肌肤适度补水之后，接下来要从容易干燥的眼睛开始涂美容导入液。用指尖取适量美容液后轻轻敲打，然后用指腹温柔按压、帮助吸收。注意不要用力搓揉。

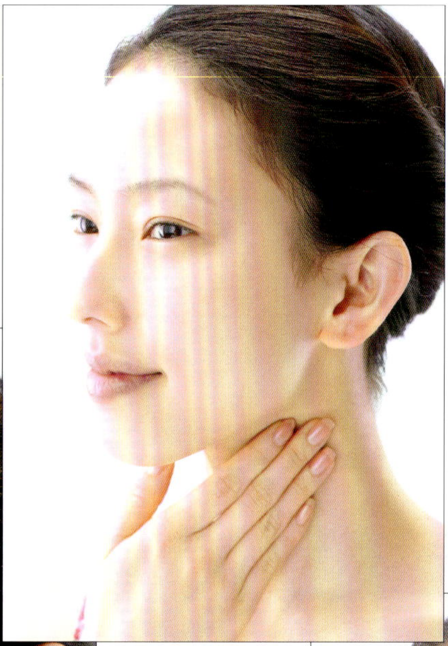

接下来是很容易干燥缺水的脖子

促进脸颊处的充分吸收。

明星技巧

所谓脸部，是包括脖子、胸、肩、锁骨在内的整个区域。要认真呵护胸前的肌肤，持有这种意识是变得更加漂亮的重点！

仔细呵护 T 形区。

打造最佳状态的水嫩肌肤

最后用双手手心轻轻包住整个脸部。

乳液

作为早晚护肤的最后一步，要尽可能地涂抹乳液。

有人觉得因为皮肤容易出油，所以就不涂乳液。但如此一来，化妆水好不容易补充的水分却不能维持长久。此外，乳液不但能够强化保湿、帮助肌肤做好化妆前的准备工作，而且适当的油膜还能有效防止汽车尾气等侵扰肌肤。

把米粒大小的乳液彻底晕开

如果涂完乳液后感觉脸部很油腻，这多半是用量过大所造成的。为避免这种情况发生，最有效的方式是把米粒大小的乳液彻底涂抹、使其晕开。注意要先用手心把乳液温热一下，然后再涂抹。

减法护理，用量不能过多

先从容易干燥的眼部开始

和美容导入液一样，乳液也要先涂抹容易干燥的眼部。用指尖蘸取少量，均匀抹开即可。

在肌肤温热乳液的同时，薄薄地晕开即可

接下来按照脖子（到胸、肩、锁骨为止）、脸颊、T形区的顺序，把乳液薄薄地涂开即可。

素面朝天，却也完美无瑕！要追求由内而外散发魅力的『光泽肌肤』

想拥有弹性十足且水嫩光滑的绝佳肌肤，建议大家坚持“减法护理”，即化妆水要充足、美容导入液少一些、乳液最少。在保持自然皮脂的基础上，为保证“最后出炉”的肌肤清爽、不油腻，请大家根据自身情况略微调整之前的几个美容过程。

卸妆

一般来说，化妆会给肌肤造成负担，所以外出回到家中后及时卸妆是非常重要的。此外，卸妆还能有效清除白天入侵到毛孔深处的汽车尾气等环境污染物。快点给一天下来早已疲惫不堪的肌肤以温柔的呵护吧！

模特技巧

也可以用橄榄油代替市面上出售的卸妆油。特级初榨的橄榄油不但对肌肤温和、无刺激，而且能给人带来健康、愉悦之感。但是千万别忘了事先做皮肤试验，预防过敏哦。

眼部御妆

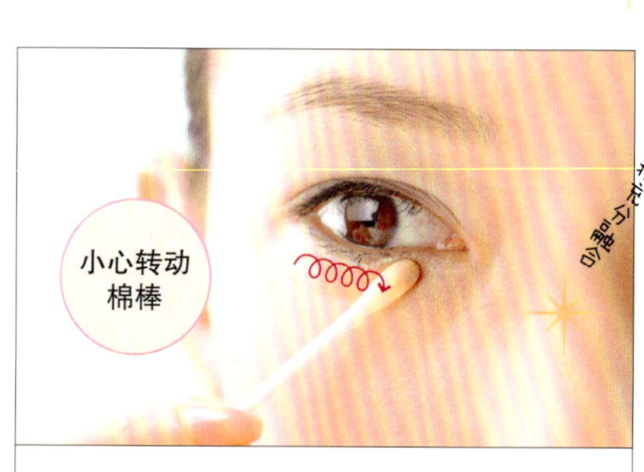

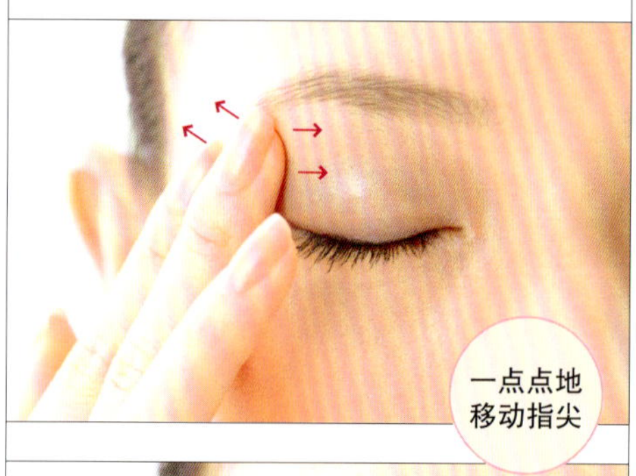

① 在彩妆中，眼妆是最难卸的部分。要用油类的卸妆用化妆品仔细地把睫毛膏和眼线清理干净。眼睛的褶皱部分也要用棉棒认真卸干净。注意不要强硬地揉搓卸妆，而是应该先让卸妆油和彩妆充分融合，然后再轻轻转动棉棒清理干净。

② 眼影和眉毛部分要用指尖蘸取一点卸妆油，然后用指腹一点点碰触肌肤，使彩妆充分溶解。注意动作要轻柔一些，不能过分用力。

③ 过20～30秒钟，等彩妆脱离肌肤、浮起来之后，用化妆棉轻柔擦拭干净即可。如果一般的卸妆用化妆品很难清除干净的话，请选用眼妆专用的卸妆品牌。

关于卸妆用化妆品，推荐具有一定去污能力的卸妆油类。它不仅能清除皮脂，而且还能有效控油。若属于干性肌肤，则推荐使用保湿效果出众的卸妆乳。此外，个别部位出油较多的混合性皮肤则要先用卸妆油卸妆，然后再用泡沫型洁面乳清洗T形区；粉刺较严重的肌肤要先用卸妆油卸妆，然后再用添加有酶成分的泡沫型洁面乳清洗整个脸部。总之要根据肤质正确选择。

That's NG!

动作要轻柔，绝对不可以用力搓揉

因为卸妆用化妆品具有去污能力，所以用力过度会导致肌肤内的水分流失。因此在卸妆时，绝对不可以过分用力搓揉。尤其是较为敏感的眼睛四周，要先把卸妆油和彩妆自然融合，然后再轻柔地擦拭干净。

给唇部卸妆

与眼妆相同，唇妆也很难清理干净。用指尖蘸取卸妆油后轻轻点触唇部，等唇妆充分溶解之后用化妆棉仔细擦除干净就可以了。

先从容易出油的T形区开始

给重点部位卸完妆后再给整个脸部卸妆。这时，注意要先从容易出油的T形区开始。从鼻梁到额头，用2～3根手指向外滑动画圈，使卸妆油与彩妆充分融合。

迅速处理容易干燥的脸颊和脖子

清理干净T形区后，接下来以同样的方式处理容易干燥的脸颊和脖子。为了有效清除防晒霜及毛孔所吸收的废气杂质，即便妆容较淡也应该仔细卸妆、不可疏忽大意。

手指揉按处理细节部分

鼻翼两侧很容易堆积残留的化妆品或脏东西等。为了清除死角、干净无残留，要用一根手指仔细揉按，彻底清洁肌肤。

擦拭干净，至此卸妆完毕

等彩妆脱离肌肤、浮起来之后，用化妆棉轻柔擦拭即可。适度的油膜还能有效锁住肌肤水分。最后，根据自身情况洁面。如果肌肤较为敏感，则要用水或温水认真清洗、直到无黏液残留为止。

面膜

每天洗脸，但是毛孔深处仍然会存有污垢。每周的周三或周四以及周末敷一下面膜，这样可以深层净化毛孔。面膜种类繁多，建议大家使用具有清除污垢和为肌肤补充必要矿物质双重功效的泥类面膜。美颜泥吸附力强，所以也最适合排毒。

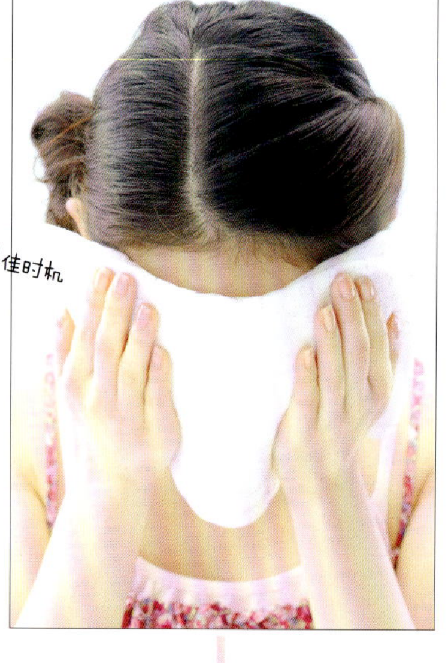

用热毛巾充分敷脸

泡完澡后毛孔扩张，这时候最适合敷面膜。如果不是在泡澡完毕之后敷面膜，要先用热毛巾把脸充分热敷一下。

包括发际在内的整个脸部都要涂上面膜

给整个脸部都涂上美颜泥。涂抹厚度以看不到肌肤为准，注意要避开嘴唇和眼睛四周。直至发际的整个脸部都要仔细涂匀，眉毛上方也要涂上面膜，这样可以有效清除毛孔污垢。

密封后有利于矿物质的渗透

用保鲜膜敷15分钟

加敷保鲜膜可以增强面膜功效

涂好面膜后，在脸的上半部分和下半部分由上至下敷两张保鲜膜（要给鼻孔留出呼吸通道），持续大约 15 分钟。由于处于密封状态，所以美颜泥可以更加强有力地吸附毛孔深处的污垢和黑色素，而且矿物质等有效成分也能充分渗透。

若以保湿为目的，推荐使用乳液面膜。若在容易干燥的眼睛与唇部四周涂上蜂蜜，然后再敷上保鲜膜，那么保湿效果会更加出众。在使用蜂蜜之前，切记一定要先做皮肤试验，以防过敏。

手指借着面膜滑动按摩

让美颜泥彻底吸附毛孔污垢

揭开保鲜膜后，手指借着面膜向外滑动画圈，按摩整个脸部。这样可以让美颜泥彻底吸附浮出表面的污垢。最后用温水清洗干净即可。

That's NG!

贴鼻贴上瘾

鼻贴可以清除毛孔内的污垢，效果虽然不错，但是过强的吸附力使毛孔扩张，进而导致污垢堆积，可谓适得其反。泡澡时认真洗脸，并每周用心做两次面膜，一般就不会有黑头的烦恼。

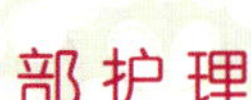

基础按摩

周末，可供自由支配的空闲时间会比较多。这时候可以通过安全的美容方式来帮助肌肤摆脱一周的疲惫，使其恢复活力！好好地放松一下因为压力、消极情绪的影响而变僵硬的面部肌肉吧！简单的按摩不仅可以防止肌肤老化、松弛，而且还能改善黯淡无光的肤色、清除恼人的黑眼圈等，进而帮助肌肤恢复活力。

牢记基本的手部姿势

按摩时没必要使用所有的手指。如图所示，把中指放在食指上面推压或轻轻敲打均可。

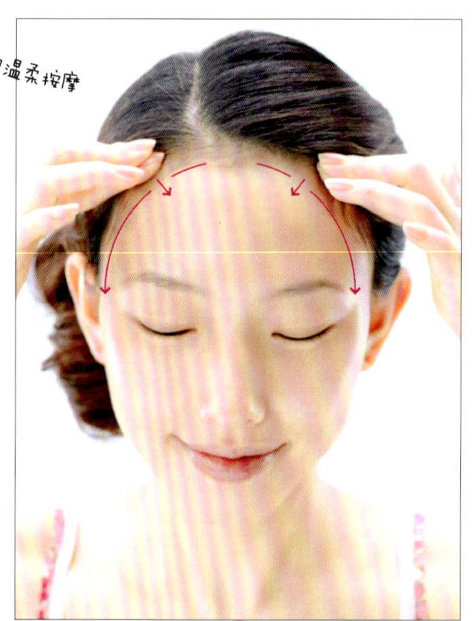

按摩发际可以预防面部肌肉松弛

两根手指用力按压发际，力道以痛感恰到好处为佳。

按摩两侧鼻翼，做“鼻唇沟”护理

连接两侧鼻翼和唇角的“鼻唇沟”是使人看起来显老的最大原因。温柔地刺激两侧鼻翼可以改善血液循环、有效预防肌肤老化松弛。

从额头中央开始推压、按摩至下颌后方。

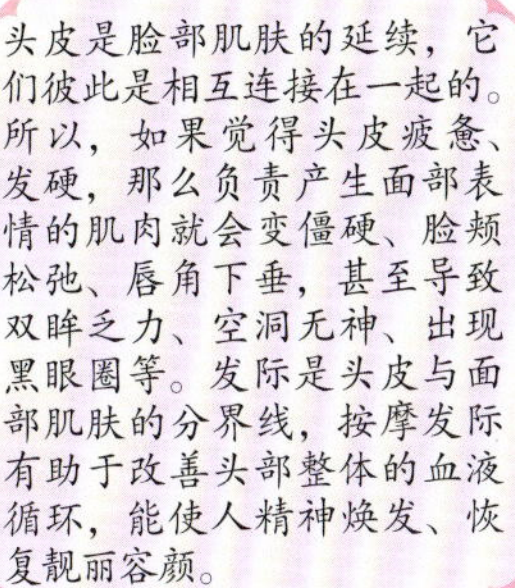

头皮是脸部肌肤的延续，它们彼此是相互连接在一起的。所以，如果觉得头皮疲惫、发硬，那么负责产生面部表情的肌肉就会变僵硬、脸颊松弛、唇角下垂，甚至导致双眸乏力、空洞无神、出现黑眼圈等。发际是头皮与面部肌肤的分界线，按摩发际有助于改善头部整体的血液循环，能使人精神焕发、恢复靓丽容颜。

共计50次

轻轻敲打眼部，使其重放光彩、恢复活力

眼睛如同美丽的镜子，但如果双眼倦怠无神的话，就容易产生黑眼圈。这时候取适量的美容导入液涂在左右眼皮及双眼四周，然后用手轻轻敲打、按摩。

过度按摩会导致肌肤老化松弛

在身体各部位中，脸部的肌肉变化最为丰富。脸部有许多纤细的肌肉纵横交错、延伸至各个方向。如果不了解产生面部表情的这些肌肉的生长方向而胡乱按摩，后果会很严重。“提拉式”按摩方法，即将脸部整体呈V字形向上提拉按摩。这一方法容易导致皮肤和肌肉疲惫、乏力，所以建议不要效仿。

从两眉之间开始

共计3次

一直按压到两侧的太阳穴

眉宇间堆积的压力一扫而光

①负责眼部神情的眉毛曲线是平时脸部最容易感到疲惫的部位。直接用两根手指按压眉毛上方。

②按压眉毛上方并顺势按摩至两侧的太阳穴。

淋巴排毒

继基础按摩之后，再给大家介绍更高一级的美容方法。

让淋巴循环（参照第 32 页）更为顺畅，矫正因压力或精神性打击而形成的面部扭曲，从而拥有健康活力的美丽容颜。

因为脸部淋巴是沿面部曲线流动的，所以体内的废物容易堆积在此处。按摩窍门在于用手指指尖从脸部中心向外侧拉伸。因为肌肉呈紧张状态有利于淋巴循环，所以要眼睛圆睁、双唇紧闭。

按摩完额头之后，同样向外拉伸双颊部分。

“面部瑜伽”可以调整下颌肌肉扭曲的形状

导致面部及下颌肌肉扭曲的原因，除不良的咀嚼习惯外，更多是由于日常生活中勉强自己做出面部表情而引起的。用指尖按压下颌关节下方的凹陷部位，然后张口、闭口、再张口……如此反复 10 次。这种“面部瑜伽”不仅可以调整肌肉扭曲的形状，而且对于打造紧致小脸也非常有效。

淋巴是体内老化物质和多余水分的排泄通道，如果淋巴堵塞，就会导致肌肤水肿、松弛等问题，皮肤也会变得暗淡无光。所谓淋巴排毒，其实是通过按摩，让净化和循环作用突出的淋巴或淋巴结流通顺畅，消除堵塞现象，恢复“美丽流动”的美容方法。

随时随地“美丽旋转”

前后
各10次

没有充足的时间时，可以尝试做超级简单的“美丽旋转”。如同给时钟上发条一般，双手只需捏住耳廓前后转动 10 次即可。耳朵四周是血液、神经和淋巴的汇集之处。刺激此处可以激活整个脸部的活力。

清除额间堆积的废物

拉伸完毕之后，接下来沿脸部曲线由上至下按摩。手指朝锁骨淋巴结的方向滑动，将堆积在额间的废物清除干净吧！

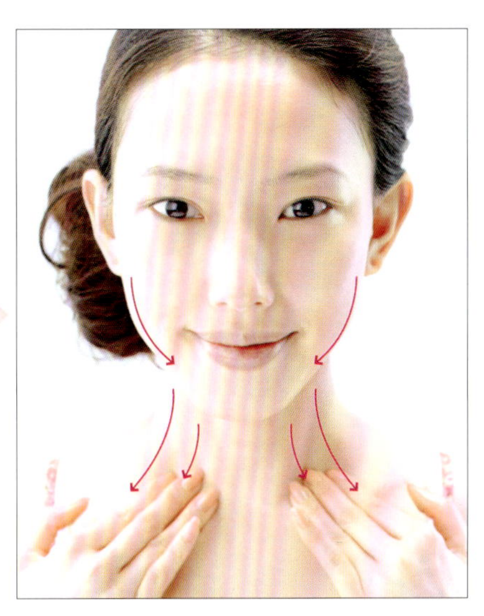

身体内所有的淋巴都在锁骨下方汇合，然后流入静脉。帮助脸部的淋巴向下流动至此，就会摆脱水肿、松弛、疲惫等各种困扰肌肤的难题，拥有属于自己的“美丽流动”。

防晒护理

若长时间沐浴紫外线，维持肌肤弹性和活力的骨胶原就会遭到破坏，肌肤中的黑色素开始大肆活跃，导致肌肤松弛、生成色斑及皱纹等。为避免产生这些问题，要注意避免过度沐浴紫外线。在这里，让我们一起学习如何与太阳友好相处吧！

有A、B两种紫外线

紫外线可以大致分为UVA、UVB两种类型。野外暴晒导致肤色变黑以及生成色斑、雀斑的罪魁祸首是紫外线UVB。防晒霜上标示出的SPF值表示的就是防御紫外线UVB的功效大小，数值越大，防晒效果也就越值得期待。

另一方面，紫外线A也非常地令人讨厌，会导致生成色斑和雀斑，它甚至会抵达肌肤深处，制造黑色素、催生皱纹等。通过防晒霜上标示出的“PA”后面“+”的数量（最多为+++），我们就可以了解其防晒效果如何。

模特技巧

为了有效发挥底妆作用，要在化妆之前先涂抹防晒霜。这也是持久美丽的秘密所在。最近，市面上出现了能作为饰底乳使用的防晒霜，可以在涂抹完有防晒效果的粉底之后使用。

多云的天气、在家中不外出时也要注意防晒

在UVA、UVB两种紫外线中，当天气多云或在家不外出时，紫外线UVB的侵蚀效果会大幅减弱，这时我们能够有效抵御。但是制造黑色素的紫外线UVA却可以穿透云层和玻璃窗直抵我们的肌肤，所以必须加以注意。为了避免紫外线在不知不觉间伤害肌肤，建议大家白天在家时也涂抹PA后面“+”较多的防晒霜。

一般认为春季到夏季的这段时间紫外线最为强烈，尤其5月份更是达到高峰。但是入秋之后，在防晒上也不可疏忽大意。为了有效呵护肌肤，希望大家一年四季都保持防晒意识。

按场景不同划分SPF、PA的标准

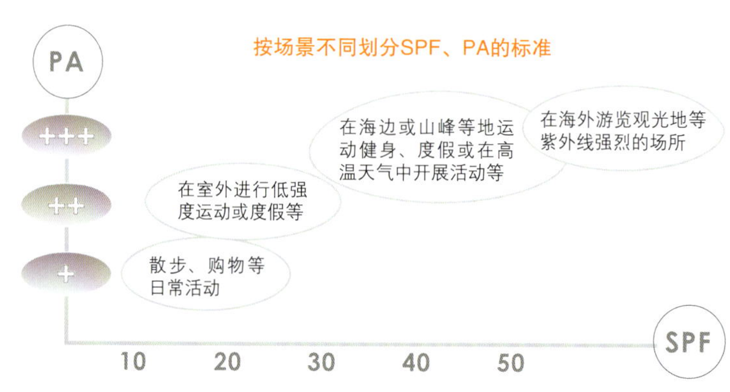

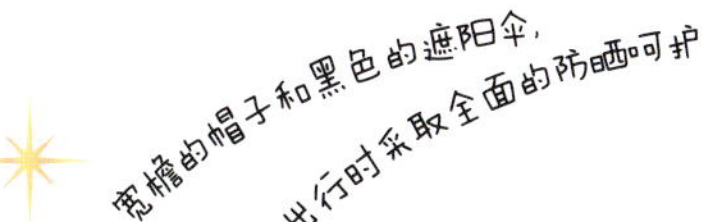

选用深色的遮阳伞和帽子来全面防晒

为避免紫外线晒伤皮肤，平时应尽量不接触阳光。外出时不要忘记带遮阳伞、帽子，尽量在背阴处行走。选购遮阳伞和帽子时，与看上去清凉沁透的白色相比，建议大家选择隔离紫外线效果出众的黑色等深色系。

清晨，享受30分钟的日光浴，借助阳光的力量让美丽更上一层楼

为了防晒，我们的确应该尽量不接触阳光。但是，由于人类自身也是生物，所以只有沐浴一定的阳光才能维持身体健康。最近的研究表明，清晨沐浴阳光可以增加体内的褪黑色素，这种物质可以给人类带来香甜睡眠、具备抗老化效果。所以建议大家在一天中紫外线最弱的清晨，涂上防晒霜，尽情地享受30分钟的日光浴。傍晚夕阳西下时，再结合体内的生物钟调整肌肤状态吧！

塑身

喜欢上自己的身体

所谓塑身，并不是单纯地为了变瘦而去减肥，而是将身体打造得凹凸有形、玲珑曼妙。通过塑身，站立、静坐、行走等动作也会惊人般地变美。

按摩加练习，由内至外地美化自己的身体。

坚持，就能够变漂亮——不必刻意勉强自己，根据自身情况制定塑身计划，然后加以体验吧！

友情出演
克里斯蒂娜

1985年10月2日出生于美国。是《JJ》、《Steady》、《Look!s》、《Sweet》等多本杂志的平面模特。此外还出演了电影《I am 日本人》、电视节目《从今天开始学英语》等，在众多领域大放异彩。

美容专家
涩谷有里

步行健身顾问。创办了涩谷工作室。作为模特曾参加过东京展演时尚秀场等时装秀、拍摄过电视广告等。1998 年创办步行健身工作室“涩谷工作室”。现活跃于杂志、电视等媒体，同时还在 Star Dust 指导明星与模特开展步行健身、塑身等。著作有《Shall we walk》(SDP) 等。

http://www.studio-shibuya.com

淋巴按摩 上半身

淋巴，就如同回收多余水分及老化物质的“体内下水道”。

皮肤下面紧接着就是呈网状分布的淋巴管，淋巴液通过淋巴管循环流动。如果说心脏跳动产生的推动力促使血液流淌煞是激烈的话，那么仅凭借肌肉活动带动循环的淋巴流动则十分平缓。

对淋巴若不加以关注，它就会发生阻塞现象，体内堆积的老化物质会引发身体水肿、肌肤松弛等多种问题，甚至会造成肥胖或生成橘皮组织等（详见第 46 页）。所以，通过按摩促进淋巴实现良性循环吧！

■锁骨

从淋巴的终点入手

锁骨淋巴结非常的重要，因为淋巴液流遍全身后最终流入锁骨下静脉。为了使淋巴整体流淌得更加顺畅，首先必须要按摩此处。用食指和中指夹住锁骨，由外向内缓慢按摩。

■胸部

帮助淋巴顺畅流动

来自下半身的淋巴液在胸导管淋巴结处聚集并融为一体。两手置于胸前中心处，然后向外滑动按摩。

■腋窝

可预防肩膀发酸、僵硬以及双臂生成橘皮组织！

从指尖到双臂处的淋巴液最终汇集在腋窝淋巴结处。用手指捏住下陷的部位，然后轻柔按摩。

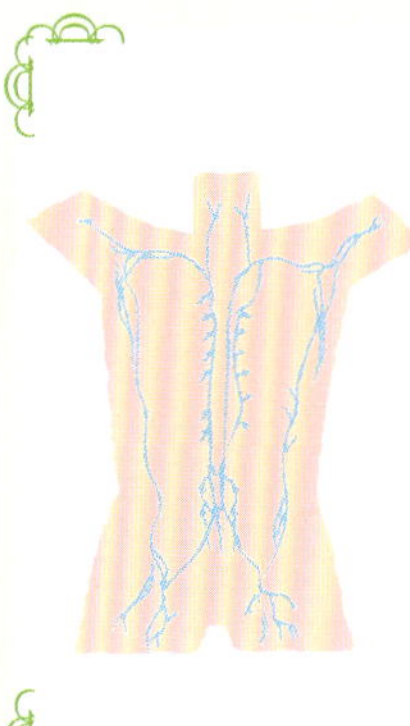

淋巴周围的肌肉活动时会施加一定的压力，借此压力淋巴液才得以顺畅流动。因为淋巴管就分布在皮肤表面之下，所以只按摩身体表面就可以有效促进淋巴循环。首先要按摩淋巴液汇集处的淋巴结，等流动顺畅之后，再按照脚尖与指尖到心脏的方向缓缓按摩身体。

淋巴是从距离心脏较远的脚尖与指尖开始，然后向中心反复循环流动，最后途经锁骨处的淋巴结注入静脉。

就连腰身曲线都要取决于淋巴循环

腹部淋巴结循环不顺畅的话，肚子不但会胀气，而且还会引发便秘。用整个手掌按照顺时针方向画圆按摩。

由于腹部淋巴结所处位置较深，所以按摩时要稍微用力一些。如果平时注意腹式呼吸的话，那么腹部的淋巴循环就会变得十分顺畅。

侧腹腰身也同样按照顺时针方向按摩，用力一定要轻柔。

用力过度会适得其反

过度刺激淋巴管会给其造成损伤，进而导致水肿。揉抚时用力一定要轻柔，按压时手掌保持自然力度即可。按摩时要避开受伤或内出血的部位。此外，饭后半小时内或发烧、炎症导致淋巴结肿大、疲惫不堪、怀孕或月经期间也不能按摩。

淋巴按摩 下半身

淋巴流动产生的推挤力非常弱，放任不管的话，在重力的作用下就会不断地向下半身沉积。长时间站立会导致双腿水肿，其原因也正在于此。通过按摩可以改善从脚尖到脚踝、小腿、膝盖、大腿、大腿根的淋巴流动。淋巴流动顺畅的话，下半身就会变得很苗条，甚至还有提臀功效。

精确定位淋巴汇集之处，然后加以按摩

■腹股沟处

大腿根附近的腹股沟淋巴结负责把下半身汇集在一起的淋巴液传输到上半身，具有非常重要的作用。为使此处畅通无阻，请从外向内温柔按摩。

■大腿

迅猛提升大腿淋巴循环能力

将从脚尖流动到膝盖处的淋巴引流至腹股沟的淋巴结处。呈坐姿，然后双手分别握住大腿两侧，向上温柔按摩至大腿根处。

■脚底

通过刺激脚底来提高淋巴整体的循环流动

脚尖和脚踝是人体中最容易堆积淋巴的地方。为促进循环，按照从小脚趾到大拇指的顺序左右转动脚趾各 10 次。

接下来，手指与脚趾交叉而握，左右转动脚踝各 10 次。

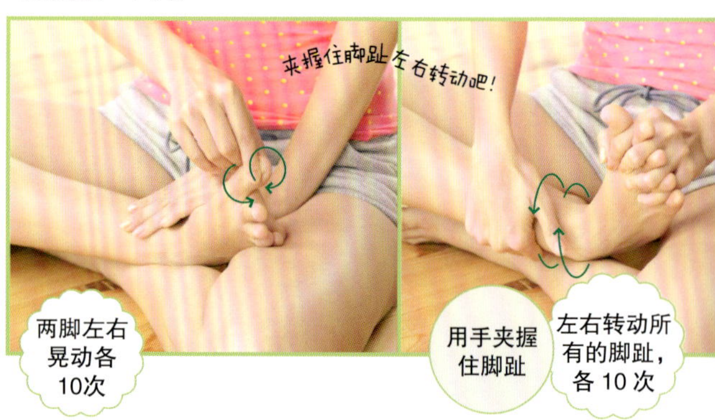

从上半身的重量提拉淋巴

接下来盘腿而坐，从外向内、从内向外轮流按摩大腿根处。

最后身体重心移向大腿根，然后轻轻下压 5 秒。

左右各3次

如图所示，突然放开双手。

在淋巴管中有一个“阀门”，在它的作用下，流向身体重心的淋巴液不会发生倒流。通过按摩淋巴流动变得顺畅，脚尖处堆积在一起的淋巴结在自身压力的作用下开始不断涌入身体中心。

■小腿肚与脚踝 先把脚尖处的淋巴提拉至膝盖

呈坐姿，两手握住脚踝后向上提拉按摩至膝盖。

双手呈绞拧之势从下往上按摩小腿肚。

最后用双手轻柔按压膝盖后方的淋巴结。这样能有效缓解腿部的畏寒症状。

最后把两手大拇指放在脚底上，然后身体重心下压，按摩整个脚底。

美腿练习

行走时自不必说，就连站立、坐在椅子上时，双腿曲线都会决定整个下半身的形象。每天进行简单的练习，从而打造出大腿、膝盖、小腿处肌肉适中的曼妙美腿吧！

每次持续10秒，共3次

尽量挺直背部

每次持续10秒，共3次

通过交替拉伸膝盖后侧、脚踝和小腿肚，便能够打造出远离水肿、曲线优美的小腿。

拉伸运动打造出曼妙双腿

双手按住墙壁，脚跟离地，依靠脚尖站立，保持这一姿势10秒钟。这样可以有效拉伸膝盖后侧的肌肉。反复进行3次。

接下来脚尖离地，用脚跟站立，保持10秒。拉伸脚踝到小腿肚。重复3次。

绷直脚尖

坐在椅子上，抬高其中一条腿，注意要绷直脚尖。

左右各3次

步骤3

左右共计10次

脚跟着地，笔直站立。

通过锻炼双腿内侧与外侧的肌肉，可以轻松拥有一双苗条、笔直的美腿。

站好后原地踏步，双手大幅度前后摆动，尽量抬高膝盖。左右膝盖交替抬高，共计 10 次。

保持这一姿势的同时，向上抬起脚尖，使脚踝呈直角。反复练习 3 次。之后同样的方式练习另一条腿。

提臀练习

臀部下垂，这可是拥有曼妙身姿的一大障碍。如果您能坚持我们推荐的提臀练习，那么您一定能够拥有梦寐以求的完美翘臀。配合美腿练习，打造出适合牛仔裤装的下半身曲线吧！

模特技巧

熟练掌握这一套动作之后，可以把双臂水平伸向前方。身体向上提拉至一定程度后径直下蹲，通过改变重心可以进一步取得提臀效果。

反复进行
3次

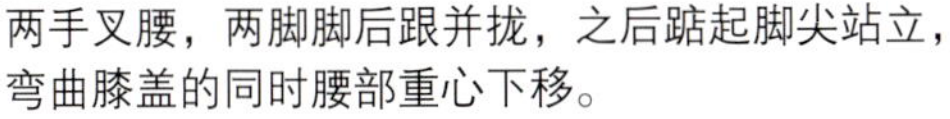
两手叉腰，两脚脚后跟并拢，之后踮起脚尖站立，弯曲膝盖的同时腰部重心下移。

臀部用力向上提拉身体。

紧腰练习

每一位女性都梦想拥有模特那样的纤纤细腰。小肚子、侧腹以及后背的肌肉要全面锻炼，这样才能拥有紧致无赘肉的玲珑曲线。

① 坐在椅子上，用双手支撑住身体，双腿并拢后弯曲膝盖，抬高大腿并拉伸至胸前。

② 接下来将双腿缓慢下放，直到脚尖快要接触到地面时再停止。反复进行 5 次。

①双脚分开笔直站立，两脚间隔距离与肩同宽。
②上半身向左侧拧转，视线落在右脚后跟上。呼气的同时保持这一姿势 3 秒钟不动
③身体恢复原状，之后同样的方式上半身向右侧拧转。反复进行 3 次。

① 盘腿而坐，双手交叉后伸向前方。注意手臂要伸直。
② 保持姿势①的同时，左右缓慢拧转上半身，反复进行 5 次。

修背练习

美丽的身姿，尤其是优雅的走路姿态，实际上主要取决于背部形象。
拥有优美的背部曲线、背部形态优雅迷人的女性可谓魅力十足！
您对自己的背部有信心吗？

步骤 1

用手背沿脊椎两侧由上至下、再由下至上轻轻敲打。以上下来回 3 次为最佳。

若感觉背部僵硬，这说明血液循环受阻，新陈代谢不良，人会容易发胖。轻轻敲打背部可以促进血液循环，恢复身体的柔软度。

步骤 2

笔直站立，双手交叉后抱肩。

将手臂绕到身后，手心向下交叉。

若感觉手心向下交叉有些吃力，手心也可以保持向上。

双手抱紧肩部，上半身前倾。呼气的同时保持这一姿势5秒，然后缓慢恢复原状。

通过拉伸运动，背部肌肉将变得更加柔韧。打造出曼妙身姿，在与人擦肩而过时，会吸引他人回头的目光哦！

向后拉伸双臂时，上半身自然后仰。呼气的同时保持5秒钟不动。以上动作，每3次为1组，反复进行3组。

瘦臂练习

双臂纤细、无赘肉可以使脸孔和身体看上去更漂亮。如果双臂肌肉有一点松弛，自己喜欢的服装是很难穿出漂亮感觉的。每天通过简单的练习，拥有和模特一样纤细的双臂吧！

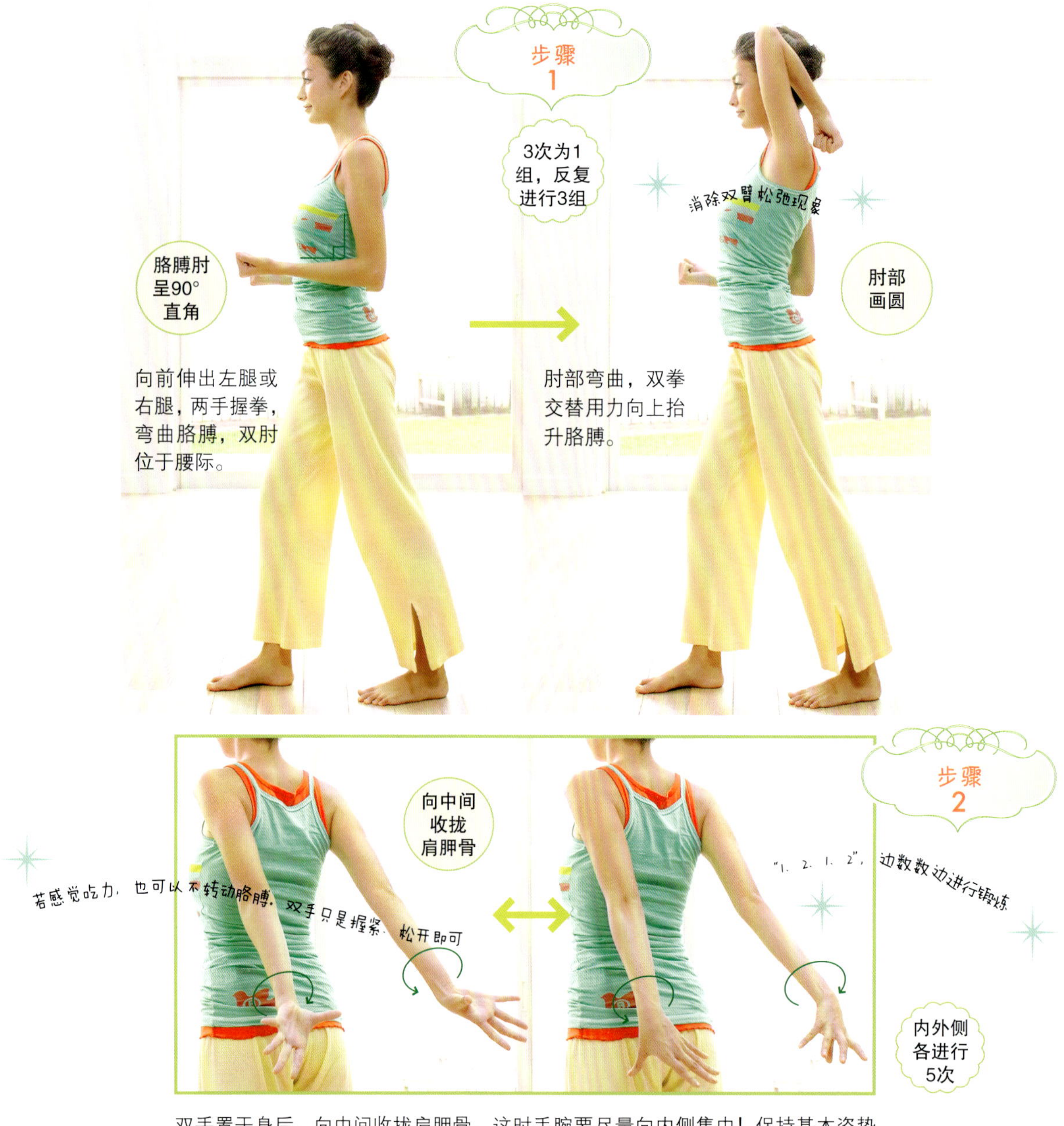

双手置于身后，向中间收拢肩胛骨，这时手腕要尽量向内侧集中！保持基本姿势的同时，手腕分别向内、外转动 5 次。

步骤 3

两手扶住墙壁站立，头部置于两手臂之间，然后向下低头拉伸背部。

明星技巧

每天坚持做这些练习，也并不是一件简单的事情。与其勉强自己、挫伤肌肉，倒不如从自己能坚持下来的一两个练习开始，不管怎样，坚持练习是最为重要的。日复一日勤勤恳恳地练习，积累下来的成果必将让你焕发别样光彩！

橘皮组织护理 上半身

橘皮现象严重的肌肤表面会变得像橘子皮那样凹凸不平。此外，一旦形成橘皮组织，日常简单的减肥方法就很难奏效了。若想有效预防生成橘皮组织，在改善日常生活习惯的同时，通过本文介绍的护理来改善血液及淋巴循环也是非常重要的。

从手腕开始一直向上滑动按摩至手臂。

That's NG!

绝对不可以过度用力

按摩的时候，如果用力过大不仅会损伤淋巴管，而且还有可能导致橘皮现象的进一步扩大。建议大家在改善生活习惯的同时，本着预防的目的来轻柔地按摩。首先是要预防橘皮组织的生成，如果已经生成要避免其变严重，这种心态是非常重要的。

从下往上按摩至淋巴流入的静脉处。

脂肪细胞变大后就会不断地相互集结在一起，这样一来就会压迫身体表面既纤细又脆弱的淋巴管。由此会导致淋巴流动受阻、淋巴管破裂、含有众多老化物质的淋巴液被组织排除在外等现象。随着这些现象的产生，从淋巴中分离出来的胶状蛋白质就会变成脂肪细胞的细胞核，以滚雪球似的方式不断结合、壮大，进而形成橘皮组织。

轻轻握住手臂下方，然后用整个手掌从手腕处开始向上轻轻滑动按摩至腋窝。

左右各10次

用4根手指按压腋窝下方的正中央处，持续5秒钟。

淋巴循环不畅、老化物质易于堆积的双臂及下半身尤其容易形成橘皮组织。为了预防橘皮现象，希望大家仔细按摩，促进这些部位的循环。

最后，用一只手轻轻握住另一只手的手腕，然后向上拧转按摩至腋窝。

橘皮组织护理 下半身

下半身很容易堆积脂肪，淋巴循环也容易变得不顺畅。预防生成橘皮组织，这是护理下半身最重要的一项工作。尤其要注意大腿后侧、大腿和臀部交界处，一旦马虎大意，这些地方就很容易形成橘皮组织。不过，这些地方虽然容易生成橘皮组织，但是通过按摩或者运动会比较容易得到改善，所以请大家务必尝试一下。

打造没有橘皮组织的美腿

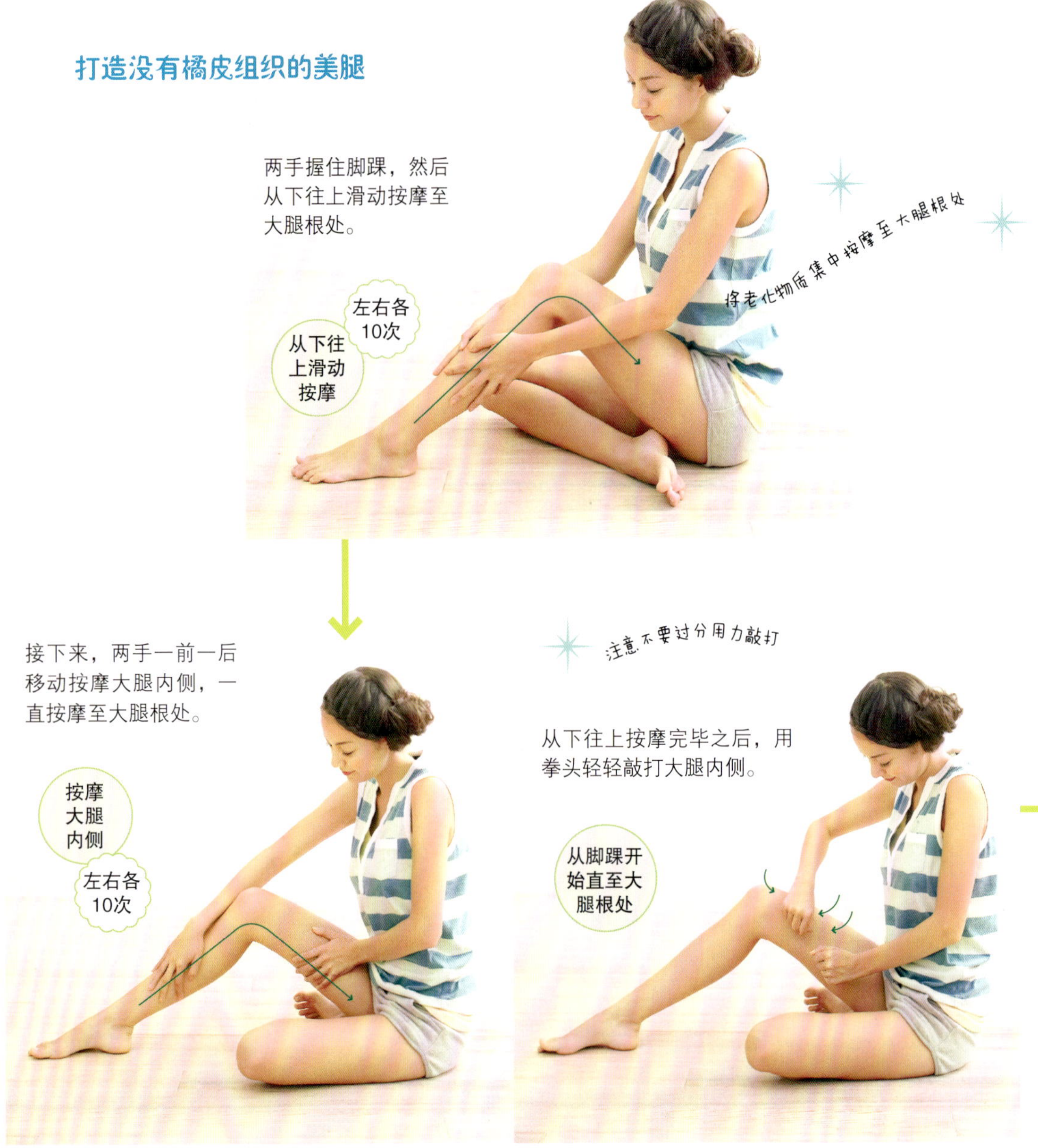

能有效预防臀部生成橘皮组织

两手放置在臀部下方，然后将臀部整体向上抬拉、放下。

由于来自脚尖的淋巴最后流淌集中至膝盖后方，所以膝盖后方一旦生成橘皮组织，就很难消除。所以建议大家平时多多按摩，加以预防。

接下来沿臀部曲线轻柔提拉按摩。

最后，从大腿和臀部的交界处开始轻轻敲打、按摩，一直到腰部。

最后，双手大拇指置于上方、轻轻握住大腿，从膝盖开始向上滑动按摩至大腿根处。

模特技巧

经常双腿交叉而坐或者长时间双膝跪坐的话，下半身水分及老化物质的循环就会受阻而变得不顺畅。过分摄取糖分或脂肪，这种饮食方面的混乱与无序会导致脂肪囤积、脂肪细胞越发肥大；还有便秘、缺乏运动、畏寒等等，这些都不利于预防生成橘皮组织。所以大家一定要注意日常的生活习惯。

入浴方法

每天泡澡的这一过程，其实是最好的美容时间。身体变暖不但会提高新陈代谢，而且适度的水压还能使整个身体得到放松。在泡澡时做一些简单的按摩，在浮力的作用下不必过度用力就可以轻松完成，也非常利于减肥。

泡澡，可以使我更美丽

推荐大家享受半身浴，即只把腹部和下半身浸泡在温热的水中。为保证上半身不受凉，可以在肩头披一条毛巾。浸泡30分钟后，新陈代谢逐渐提高，身体开始微微冒汗。若想进一步发汗，可以在浴缸中放入具有提高温热效果的浴盐。入浴剂方面，颜色不同会给人带来不同的心理效果，推荐大家选用能够让人变年轻、防止皱纹生成的粉红色。

紧致小腹赘肉

泡在水中，用两手捏住小腹的赘肉轻柔按摩。在新陈代谢增强的状态下若用力揉按腹部，则可以促进脂肪燃烧。

紧致大腿赘肉

左右各3次

泡在水中，轻轻弯起一侧的膝盖，一只手放在膝盖上，固定住腿，另一只手从下往上轻柔按摩大腿直至大腿根处。

让脚踝变得更加纤细

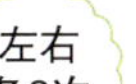

坐在浴缸中，用一只手按住脚踝，另一只手握住脚尖后来回转动脚丫。

泡澡时间的塑身

泡澡时，全身血液和淋巴的循环都会得到提高，在浮力的作用下身体会变得柔软。所以泡澡时最适合轻柔按摩身体。此外，水压给身体造成的压迫具有和肌肉锻炼一样的效果。

通过淋浴刺激穴位

开大水流，然后冲洗脚底30秒。这样可以刺激脚底穴位，有效改善小腿以下的血液循环。若想消除下半身的疲惫、水肿，推荐大家尝试一下。

如果冲洗脸部30秒，水压生成的按摩效果就能有效预防皱纹

紧致背部赘肉

泡在水中，从腋窝开始向胸部滑动按摩。

入浴后的护理

胳膊肘、膝盖及脚后跟是很容易暴露出一个人年龄的地方。如果想给这些部位做护理，那么刚刚泡完澡之后的这段时间无疑最为合适。细心呵护，清除多余的皮脂、恢复柔嫩肌肤吧！如果能每周坚持两次，那么就能够清除暗沉、发黑的皮肤，给人留下朝气蓬勃的印象。

轻柔呵护粗糙的肘部

从手腕开始向上滑动按摩至胳膊肘部，共 3 次。

用手掌包裹住肘部，然后来回转动。最后和脸部护理一样，用化妆水面膜和乳液收尾。

穿高跟鞋时，圆润光滑的脚后跟可以让人充满自信

脚后跟是非常重要的身体部位，支撑着人体站立或行走时的整个体重。在脚后跟处涂抹上身体用美容凝胶，然后用手握住脚后跟来回转动按摩。

把浸泡过化妆水及乳液的化妆棉制成面膜敷在脚后跟上，左右各敷 3 分钟。

That's NG!

过度用力摩擦会弄痛肌肤哦

按摩胳膊肘、膝盖及脚后跟时绝对不能过度用力摩擦！过度用力反而会使肌肤变得越发粗糙。

努力打造出光滑漂亮，如同鸡蛋般细腻的膝盖

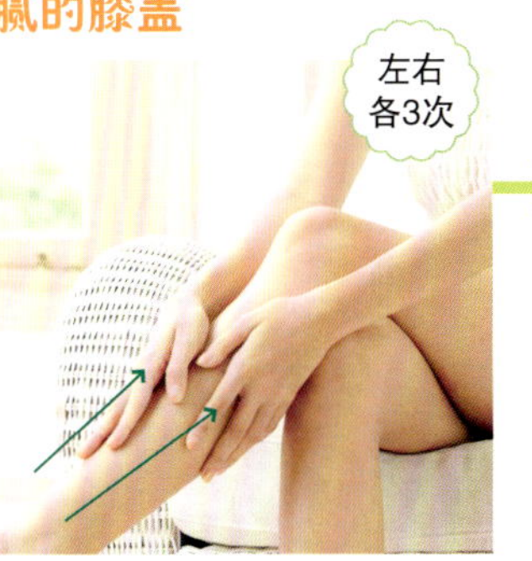

两手从脚踝开始向上按摩至膝盖，共进行3次。

用手掌包住膝盖，来回轻轻转动按摩。

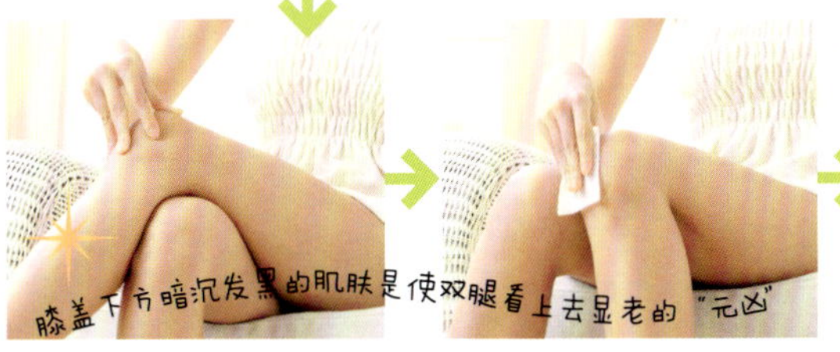

膝盖下方的凹陷部分容易暗沉发黑，用指尖对其用心按摩。

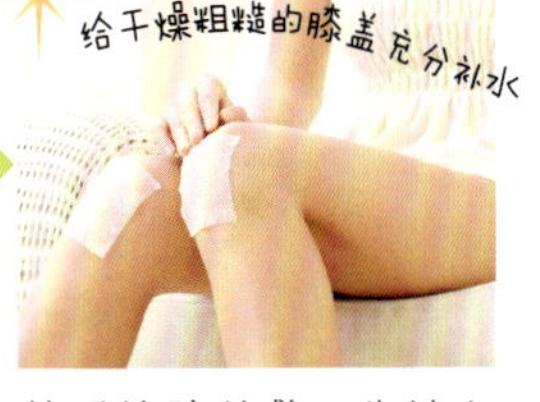

用充分浸过化妆水的化妆棉轻轻拍打。

其后给膝盖敷3分钟左右的面膜。最后，再用含有乳液的化妆棉敷一下的话就更完美了。

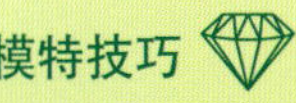

模特技巧

不泡澡的时候，可以用泡脚水或热毛巾温热膝盖以下的部位，然后进行按摩。这样也会取得相应的效果。外出回到家中后，认真地给肌肤加以呵护是非常重要的。

千万不能忘记呵护胸前部位

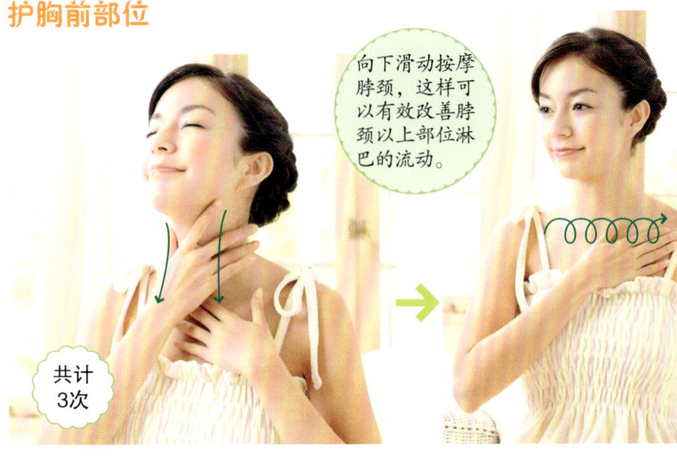

从下巴到锁骨由上往下按摩3次，双手交替移动。

用手掌在锁骨的上方来回画圈按摩，反复3次。

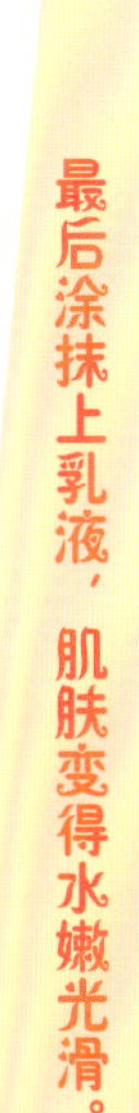

早与晚的扩展运动

塑身练习，并不仅限于白天，夜晚躺在床上或早上睁开眼睛后的这段时间也可以用来做塑身练习。短时间内便可赶走一天的疲劳困顿，容光焕发地迎接新一天的到来吧！

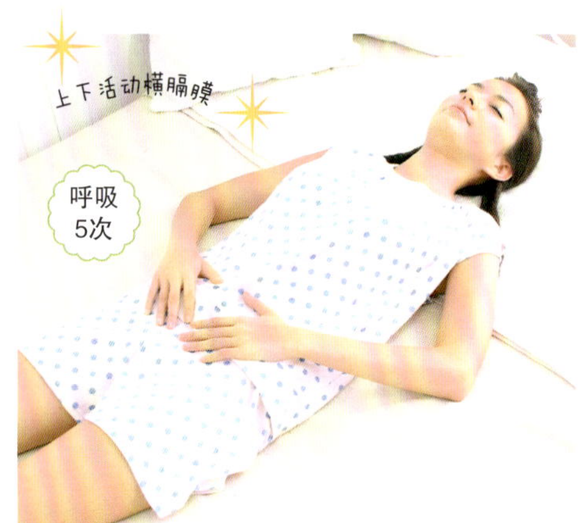

腹式呼吸赶走小肚赘肉

仰面躺好，反复做腹式呼吸，即吸气时鼓起小肚子，呼气时收缩小肚子。注意不是要打开肋骨，而是要上下活动横膈膜。这样不仅可以刺激位于小腹深处的淋巴结，改善其循环，而且还能通过大量吸入氧气来促进全身代谢。

拉伸脚底运动可以紧致双腿曲线

仰面躺好，把一只脚的脚后跟搭在另一只脚的脚尖上，然后保持这一姿势的同时位于下方的脚尖向内侧使劲，脚踝向前侧弯曲，这样可以拉伸膝盖后方，保持 10 秒。通过充分拉伸，可以改善膝盖后方淋巴结的循环流动。

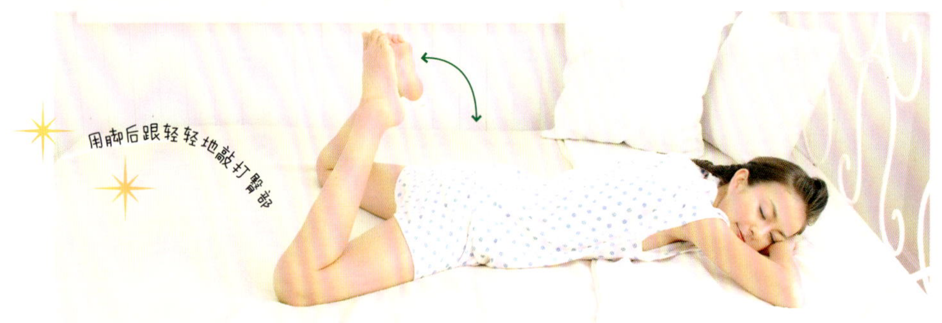

保持大腿关节的柔韧度，预防生成橘皮组织

脸朝下趴好，两腿张开，与腰同宽。弯曲膝盖，使脚后跟能够敲打到臀部（实在敲打不到也没有关系）。通过刺激大腿处的淋巴以及大腿根处的淋巴结，能够有效紧致大腿曲线，预防生成橘皮组织。

BM
通过早晚的扩展运动，给自
己多增加两次变漂亮的机会

1983年9月18日出生于三重县。自1999年出演电视连续剧《金八老师 第五季》以来，一直活跃在电视剧、电影、电视广告、舞台剧等众多领域。参演的电影《热血高校》于2007年10月公开上映。

友情出演
风步

化妆

打造出自己最为光彩夺目的妆容

化妆最重要的是要把握好不断变化的流行趋势，然后坦然自若地展现出自身独有的特色。无意中形成的并坚持至今的自身独创风格，其实连自己都不知道是否真的适合自己。“无限妆容”追求的是自然且基础，无需刻意炫耀却让你成为众人瞩目焦点的美丽技巧！

友情出演
天川美穗

1987年5月2日出生于东京。曾出演过电视连续剧《不良少年回母校——特别篇之不良少年的梦想》、电影《鬼来电完结篇》等，活跃在电视剧、电影及电视广告等众多领域。

美容专家
飞田卓司

美容美发师。1987年曾担任老师井上广氏的助理。1988年开始从事自由职业，1992年创办美容美发工作室KIND。调皮活泼的性格与容貌让人很难想象他工作的样子会是那般的细致。活跃在电视、杂志、广告等众多领域，受到了Star Dust旗下明星与模特的广泛信赖。

http://www.hair-kind.co.jp

找出脸部散发魅力的点

在“无限妆容”的理念中，最重要的莫过于有效利用自身的魅力点。通过最大限度地发挥每个人的脸部特征，打造出真正属于自己的美丽妆容。明星和模特也要先从了解自己的脸孔、挖掘自身的特色开始学起。首先，让我们先对镜端坐，好好研究一下自己的脸孔吧！

人类的脸型并非绝对地左右对称。所以，让我们从左右两个方向进行观察，了解各自的形象和特点吧！眉毛及眼线等左右容易出现差别的地方，通过化妆加以修饰和调整，就可以给人留下协调、均衡的印象。

对镜端坐，好好地研究一下自己的脸孔吧！脸型、额头和发际、眉毛、眼睛形状、眼皮情况、眼角高低、鼻梁、鼻子大小和形状、嘴唇厚度和形状……哪个部位最具特色呢？这里的“特色”并不单纯指“漂亮的地方”，不同情况下它还代表“让人在意的地方”。以为是容貌的缺陷，结果却成了最有魅力的地方，这种情况在明星及演员中间并不稀奇。

了解自身脸部特征之后

脸型

圆脸 · 三角脸 · 四方脸 · 鹅蛋脸

脸孔长度

较短 · 一般 · 较长

肤色

土黄色系 · 黄色系 · 粉色系 · 白色系

眉毛形状

直线型 · 圆润型

眼睛形状

细长型 · 圆杏眼

眼皮类型

双眼皮 · 内双 · 单眼皮

嘴唇形状

薄嘴唇 · 厚嘴唇

与其掩盖缺陷，倒不如作为魅力点将其突出

因为“讨厌细长形的眼睛”，所以就拼命地突出眼线，这样化好的妆反而给人显老的感觉；想要突出小脸效果，就大量地使用颊影（详见第 76 页）等，努力地想要掩盖自身的缺陷，结果化好的妆却差强人意。与其这样，倒不如给具有魅力的地方涂上亮色，譬如眼睛有魅力就突出眼睛，嘴唇有魅力就突出嘴唇等，这种突出自身魅力部位的方法才是最棒的。

眼睛和肤色不同，妆容也随之发生巨大变化

决定妆容效果的正是眼睛和肤色。第 70~75 页将详细介绍眼妆技巧，自然的肤色搭配也同样非常重要。中国人的肤色一般分为土黄色系、黄色系、粉色系、白色系四种，但是不管哪一种肤色，只要用面部颜色最黯淡部分和最光鲜部分的折中色来调整并搭配整体效果，那么妆容看上去就不会过于浓艳，给人近似于裸妆般的视觉效果。

化妆的根本在于“圆润”、“柔和”

化妆时，除非想要给人留下棱角分明、清爽利落、鲜明的自身特色等印象，其他情况下建议大家尽量牢记“圆润”和“柔和”两个要领。眉峰弧度要柔和；眼线要薄薄地晕染开；选用和血液颜色相近、略带红色的眼影；选用暖色系的腮红，而且涂抹时注意轻柔嵌入、不突出腮红边缘等，只要注意以上细节，那么化好的妆容就不会过于浓艳，也不会一味地迷失于自身喜好。

只要拥有这些，化妆时就会得心应手

化妆的时候，和各式各样的化妆品同样重要的是化妆刷等化妆工具。若想打造出“无限妆容”所追求的自然且基础的美丽形象，下面陈列的这些化妆工具是必不可少的。慢慢收集那些质量上乘的化妆刷，这样化好的妆容会格外不同。

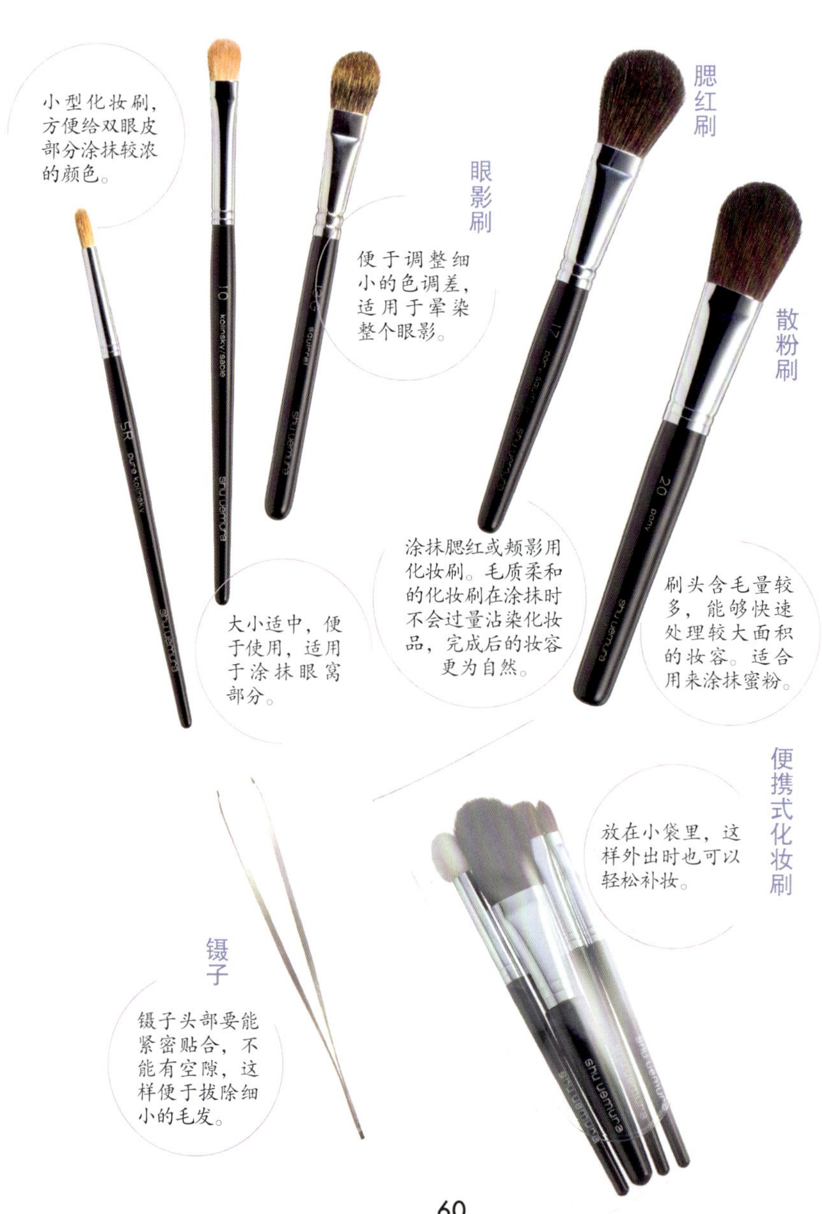

刷头较平且有边缘，毛质具有一定黏度，能够完美晕染眼线笔画好的眼线。

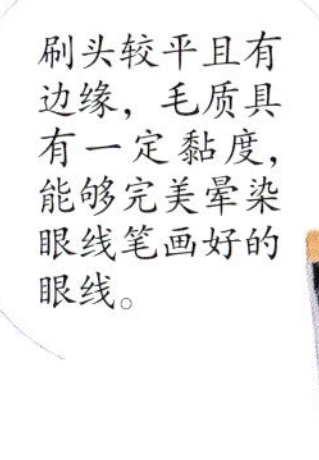

眼线刷

唇刷

睫毛刷

眉刷

刷睫毛用的化妆刷。在涂抹睫毛膏前后使用，这样可以避免睫毛膏成团，睫毛膏会涂得很漂亮。

刷头较平且有边缘，毛质多少有些黏度，画、涂都适合。

用梳子把眉毛梳理整齐，用刷子修整眉形，然后借助笔杆形状把眉毛晕开。

有一定弧度的眉剪可以修整出弧度优美的眉形，适于修出差异微小的曲线。

粉扑

表面绒毛较长，可以简单晕染，大小适中使用方便——只要拥有一个这样的粉扑，化起妆来也会轻松自如。

眉剪

海绵

睫毛夹

推荐大家使用角和面都较多的海绵，这样才能够涂到每一个细小的地方。

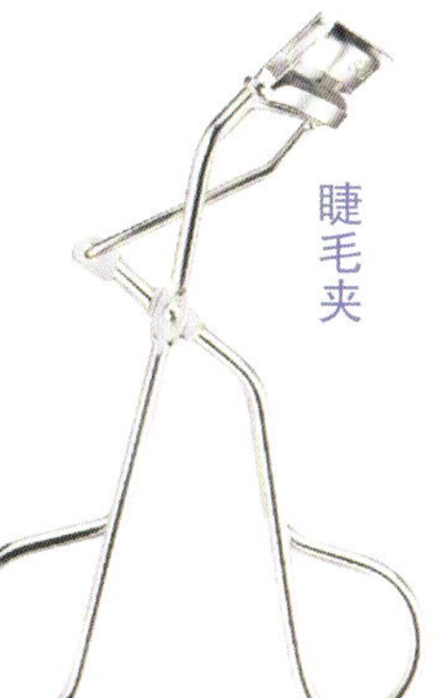

选择能够彻底夹住所有睫毛并能让睫毛从根部向上卷翘的睫毛夹。

尖头的眉剪适用于修剪整个眉毛。

饰底乳、粉底

若想化好的妆够漂亮，其实最重要的是化好底妆。用化妆水和乳液全面呵护肌肤，只要能充分发挥出肌肤原有的魅力，然后再修饰一下眼妆、唇妆及腮红等重点区域，那么就能大幅提升外在形象。下面，先用最根本的饰底乳和粉底打造出最佳的肌肤状态。

在涂粉底之前先要涂抹饰底乳

明星技巧

涂饰底乳时注意不要涂得太厚，也不要堆成一团。眼睛等需要细致涂抹的地方以及鼻翼和嘴角等容易堆积成团的地方要用海绵处理。

取红豆大小的饰底乳于掌心，如图所示，用中指把饰底乳点涂到 T 形区、双颊及下巴上。

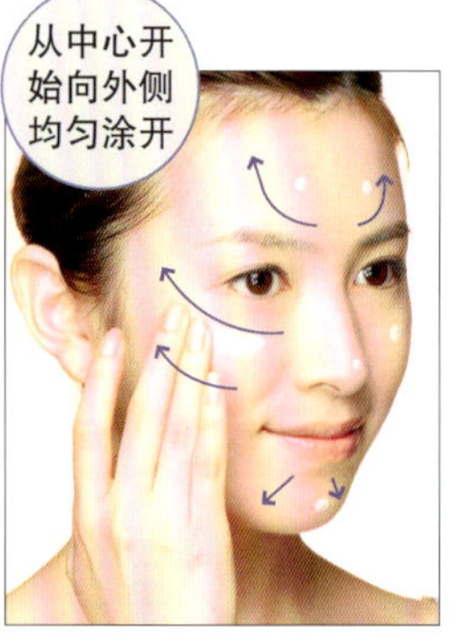

用手指肚从脸部中心开始向外均匀涂抹，注意不要有堆积成团现象。

为了使底妆更加完美，很多明星和模特都钟情于使用妆前修色乳。觉得脸色太红，可以通过黄色系化妆品来加以调整；肤色黯淡可以使用杏黄色系的化妆品来让肤色看起来更自然。此外，如果整体肤色较白却有些泛红，可以用绿色或蓝色系化妆品来加以调节。有的妆前修色乳只需在涂完饰底乳之后薄薄地涂上一层即可，还有的修色乳可以直接当做饰底乳使用。建议大家根据各自肌肤的状态区别选择。

不涂抹饰底乳，只用粉底来修饰脸色的话，一不小心就会涂抹过量。为了使妆容持久，也为了避免粉底中蕴含的色素侵害肌肤，在涂粉底之前一定要涂饰底乳。

根据肤质和使用便捷度来选择粉底

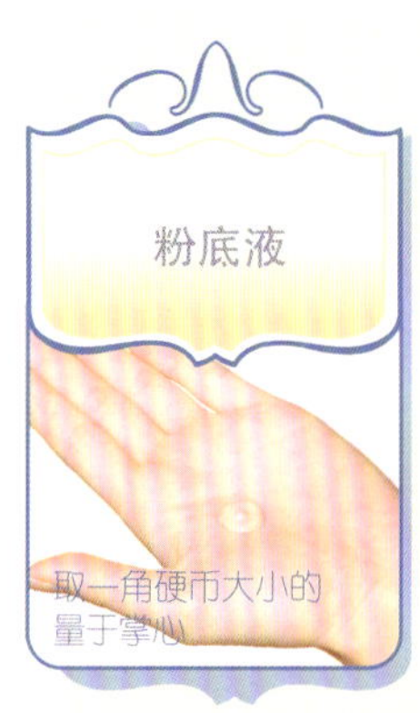

一般来说，推荐皮肤干燥的人士选用粉底液。但是最近市面上也有无油粉底液，所以也没有必要再拘泥于此原则。不管怎么说，粉底液比固体粉底更便于使用，之后还可以使用蜜粉来调节颜色，这无疑是其优势所在。

最近的固体粉底基本上都具备保湿功效，推荐非油性肌肤的人使用。虽然使用固体粉底就可以忽略蜜粉（这种简单便捷可谓其优点所在），但是涂抹固体粉底之前一定要提前用遮瑕膏遮盖一下斑痕和黑眼圈。

使用固体粉底之前，要先涂抹遮瑕膏（详见第 64 页）

That's NG!

不可以根据手背或脸颊肤色来决定粉底颜色

选择粉底颜色时，一定要先在下巴和脖颈交界处试涂一下再决定。手背和脸孔的肌肤厚度和颜色都不尽相同，所以不能以手背肤色为选择标准！脖颈肤色往往比脸颊暗一些，所以如果根据脸颊肤色决定粉底颜色，最后就会使脸孔看上去过于白皙。

颧骨等较高的部位涂厚一些，脸廓曲线涂薄一些

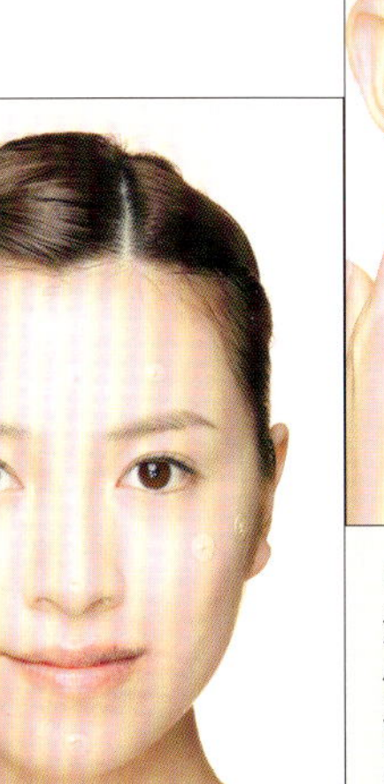

用中指给T形区、脸颊及下巴涂上粉底。

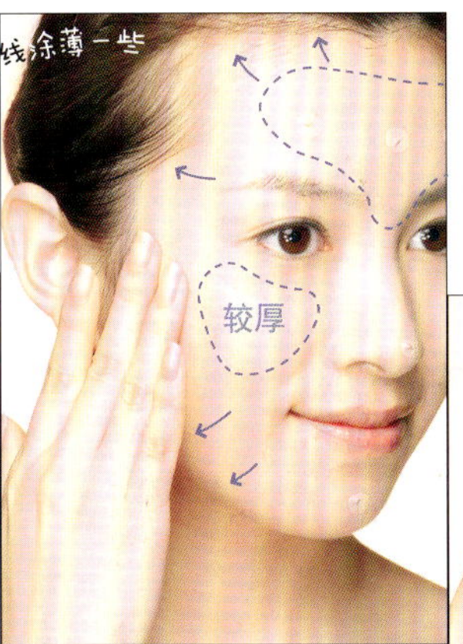

由内向外晕开。这时候要注意脸颊及额头等较高部位不能晕染的太薄。远离面部中心的鬓角发际或下巴与脖颈交界处等部位要尽量晕薄一些。如果能注意不同部位浓淡的不同，那么涂过粉底的脸孔看起来就不会呆板、单调。

如果想打造出完美的底妆，建议选用粉底液

涂粉底液时，最后要再补一层蜜粉（详见第65页）。

眼睑及眼睛四周等细微处只需薄薄地涂一层即可。若手指上残留有粉底液或海绵的边缘上残留有固体粉底，则进一步轻柔拂拭肌肤，促进两者之间相互融合。

处理鼻翼及嘴角等妆容容易脱落的部位时，要用指尖或海绵的边缘涂抹残留的粉底，以促进其与肌肤的融合。

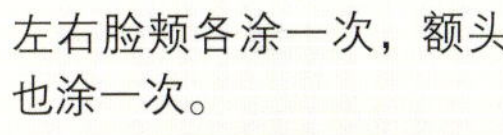

左右脸颊各涂一次，额头也涂一次。

用海绵轻轻拍合

妆容容易脱落的部位不能涂太多

模特技巧

指尖或海绵上残留的粉底可以薄薄地敷在脖颈上，这样脸孔颜色看起来就不会太突兀，可以避免化妆时可能会留下的败笔。

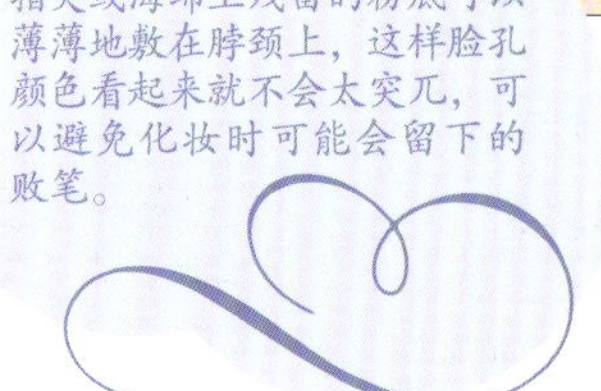

如果想发挥原有肌肤的特色，使最后的妆容看上去比较自然，推荐使用固体粉底。

遮瑕膏、蜜粉

很多人认为所谓底妆就是涂上粉底便大功告成了，这种认识往往会导致底妆过厚。和饰底乳一样，如果能有效利用遮瑕膏并与粉底等化妆品完美叠合，就能打造出宛若裸妆般自然的底妆。使用液体粉底时，千万不要忘记使用蜜粉。

用遮瑕膏解决困扰肌肤的难题

斑痕

选择和肤色相近、偏硬的遮瑕膏。用化妆刷取较多的量，然后敷在斑痕上，要完整覆盖整个斑痕。

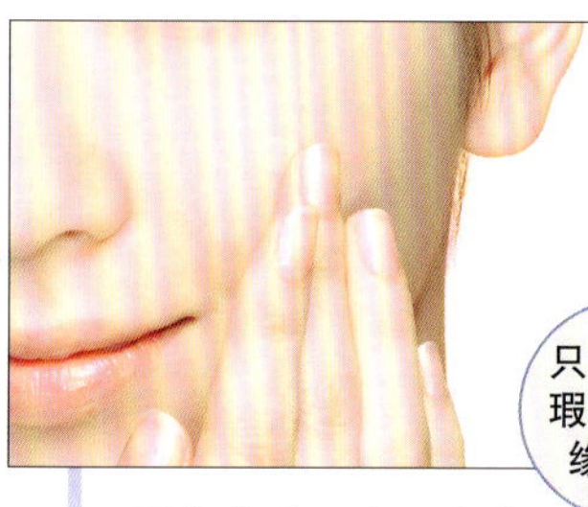

只晕开遮瑕膏的边缘部分

用指尖晕开遮瑕膏的边缘部分，促进其与肌肤的贴合度。

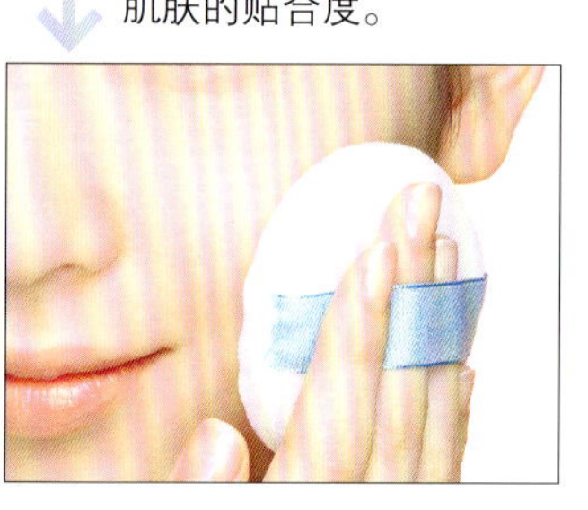

最后，再用粉扑轻轻按一下即可。

涂完饰底乳之后再使用固体粉底（详见第62页）！

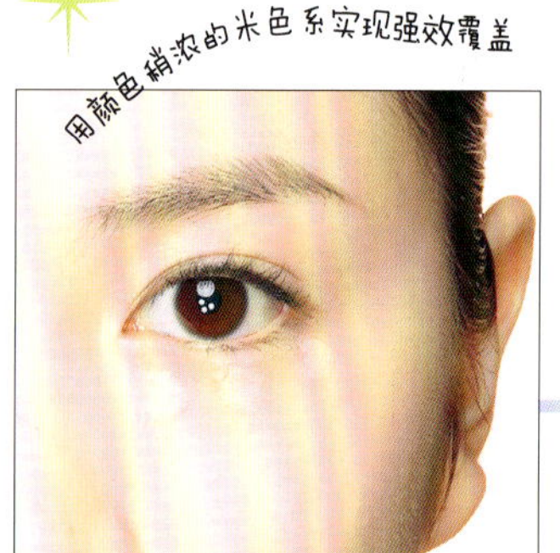

容易干燥的眼部要使用具有保湿效果、形状柔和的遮瑕膏。将遮瑕膏呈点状涂在黑眼圈上，然后再晕开。

将遮瑕膏呈点状涂在黑眼圈上

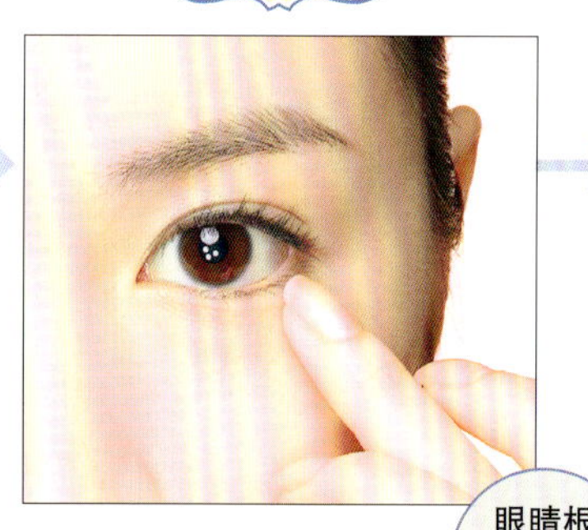

眼睛根部要涂薄一些

用指尖轻轻拍打，将遮瑕膏晕开。要一直晕染至眼睛根部的褶皱处。

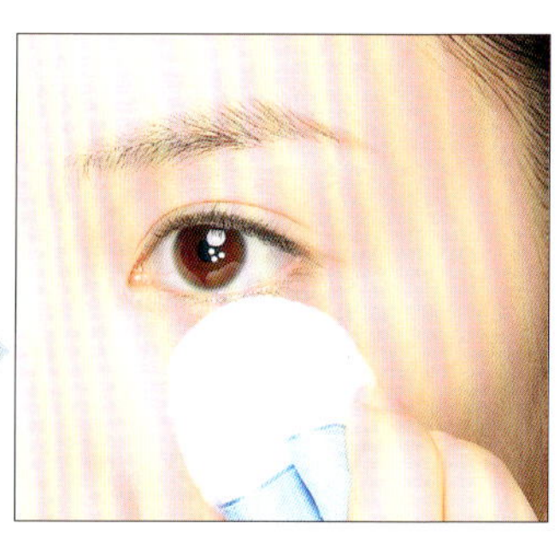

最后用粉扑轻按处理。

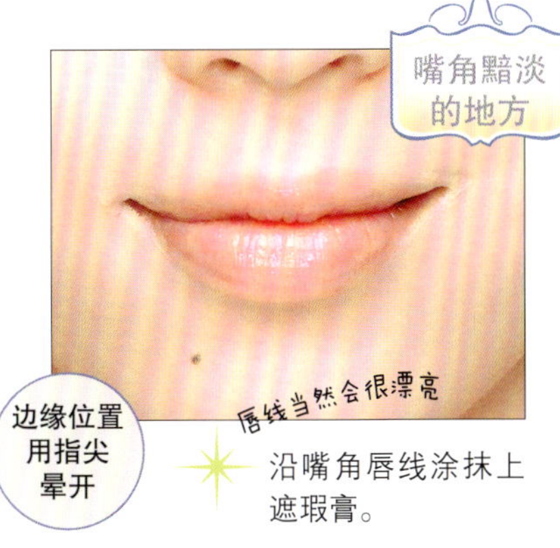

沿嘴角唇线涂抹上遮瑕膏。

That's NG!

要等粉刺彻底治好之后

遮瑕膏虽说能够有效遮盖粉刺留下的痘印，但是在粉刺尚未完全治好之前，绝对不可以使用。因为堵塞的毛孔有可能引发炎症，导致进一步恶化等。

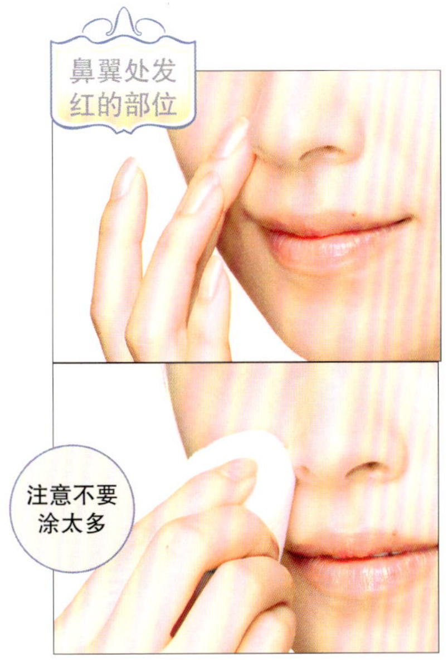

用海绵边缘或指尖蘸取遮瑕膏，边轻轻拍打边促进其与肌肤的贴合度。

使用粉底液时，为了使妆容持久，必须再涂一层蜜粉（详见第 63 页）。用粉扑取一些蜜粉扑在脸上，等其与肌肤充分贴合之后再轻按整个面部。若想使完成后的妆容看上去自然、大方，最好使用透明质感的蜜粉。

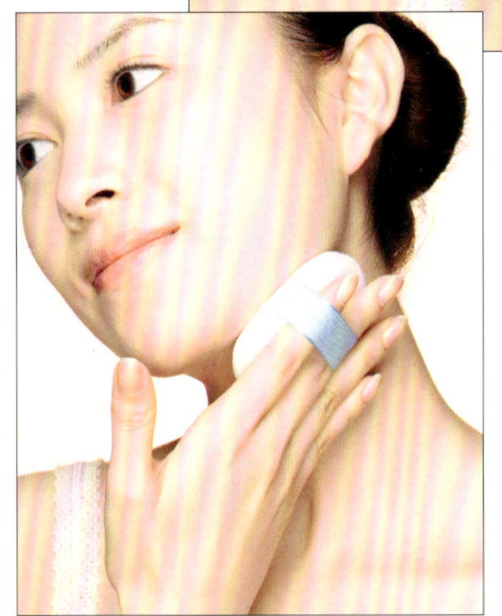

下巴和脖颈的交界处也要好好按压，让妆容看上去更自然。

提亮粉

底妆的最后，用提亮粉提升妆容的立体效果。只需轻轻地扫上一刷子，肌肤就会焕发出晶莹光泽和透明质感！也可以尝试着使用添加有珍珠或金粉成分的粉状提亮粉。

让中线和眼睛下方更立体

只需在 3 个部位涂上提亮粉。首先是位于脸部中心的 T 形区。用刷子取少量提亮粉，从上往下一直涂到鼻梁上半部分为止。切记添加有金粉成分的提亮粉不可以用在 T 形区。

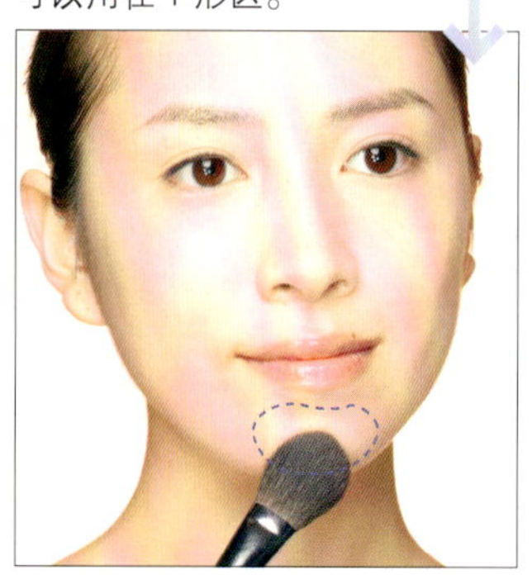

接下来，给同样位于脸部中线位置上的下巴涂上提亮粉，圆圆地扫一下即可。

最后，为了让眼睛下方更有质感，用刷子扫上提亮粉

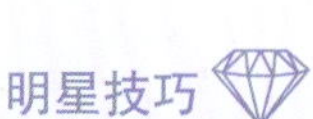

明星技巧

与普通的粉状提亮粉相比，更推荐掺加了细小珍珠成分的珍珠粉。像涂蜜粉那样，给整个脸部薄薄地涂上一层珍珠粉，这样可以有效提升自然的光泽质感。

底妆完成。

轻松2步，搞定自然美肌！

无限底妆！

虽然对于整个化妆过程来说，底妆是非常重要的基础部分。但是当清晨时间不充裕时，的确会很难耐心地、充分地化一个完美的底妆。在这里，向大家介绍《星级俏美人》独创的底妆技巧，只需一点时间就能打造出自然、出众的完美底妆。

涂好饰底乳之后，用化妆刷（不是海绵）取固体粉底涂抹在整个脸部。

然后用海绵轻轻按压，使粉底与肌肤完美贴合。

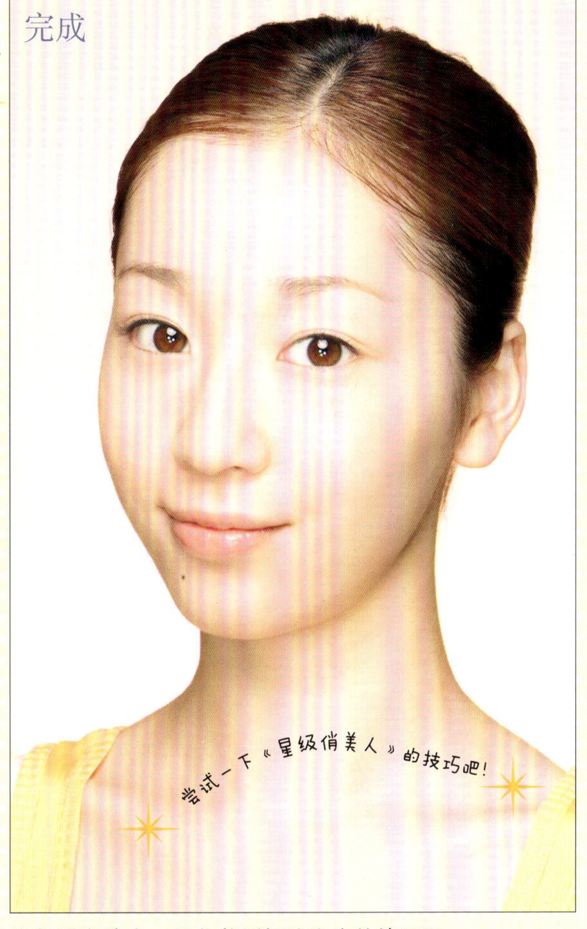

比起用海绵来，用化妆刷打造出来的效果更加自然，短时间内就可以完成。

眉 毛

有人说脸孔给人留下什么样的印象，其中 80% 取决于眉毛。说到眉毛，无论是其形状，还是眉毛量的多少、颜色、质地等是千变万化、各不相同的。想必有许多人因为画不出令自己满意的眉毛而烦恼。那么现在，以打造理想的“黄金弧度”为基础，试着画出优雅且自然的眉毛吧！

理想的眉毛曲线取决于这3点

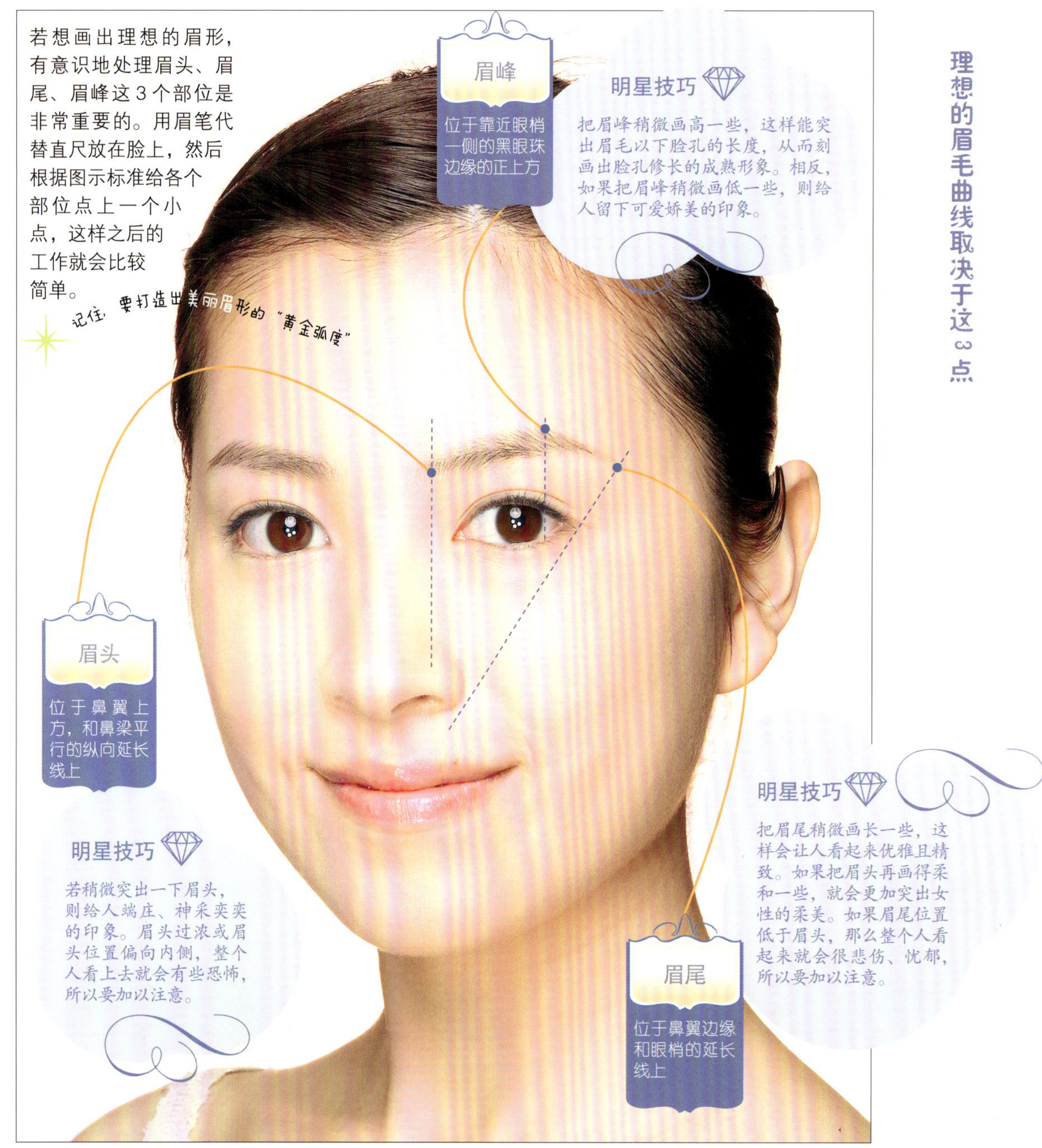

根本要领是『眉尾要清晰，眉头要浅』

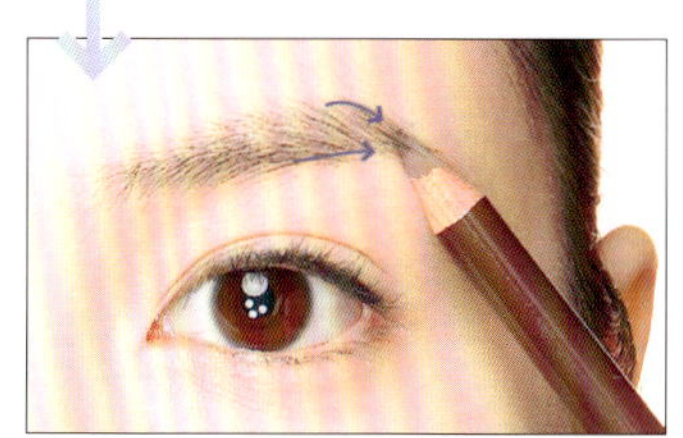

用眉刷沿眉毛生长的方向修整。

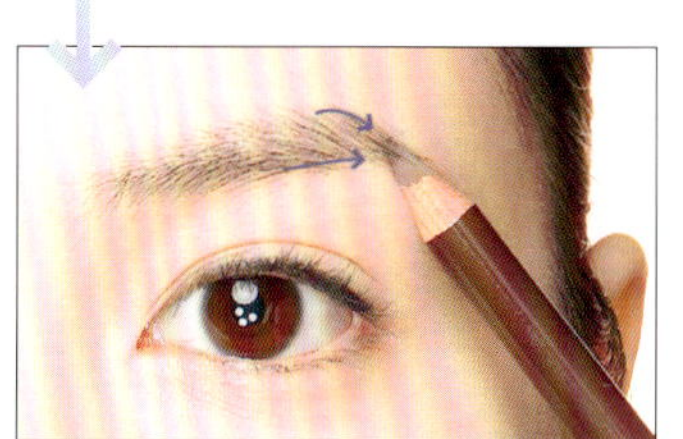
用眉笔沿眉峰到眉尾的方向描出外侧眉线。

接下来，描绘从眉头到眉峰的曲线。注意眉头部分不能画得太浓，轻轻点触即可。

要结合想要拥有的妆容效果来选择眉笔颜色。其中，推荐大家使用色彩明快的棕色系，它能突出女性的柔美形象（灰色会使人看起来十分严谨）。眉毛稀疏的地方可以先用眉笔补画整齐，然后再用眉粉调节好浓淡即可。

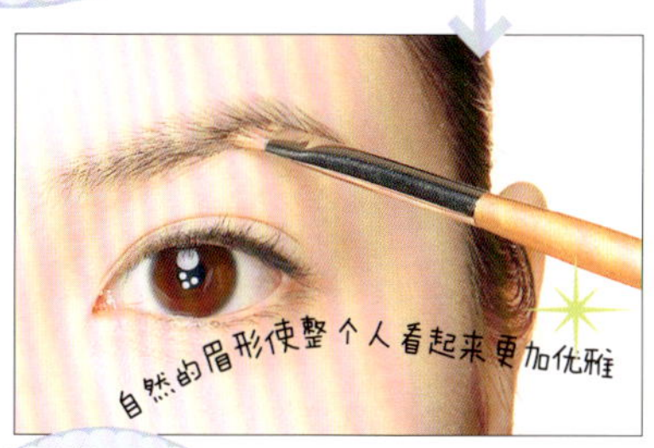

最后，用刷子把用眉笔描绘过的眉形沿眉毛生长方向轻轻晕开。眉头部分要用指尖轻轻晕开，眉头微微指向鼻梁，浓淡要自然。

如果眉形本来就很自然，无需描画，那么只要用透明的眉毛膏修整一下眉形就可以了。

每3天修护一次，就能保证眉形持久美丽

描完眉后，用眉梳修整眉毛曲线。

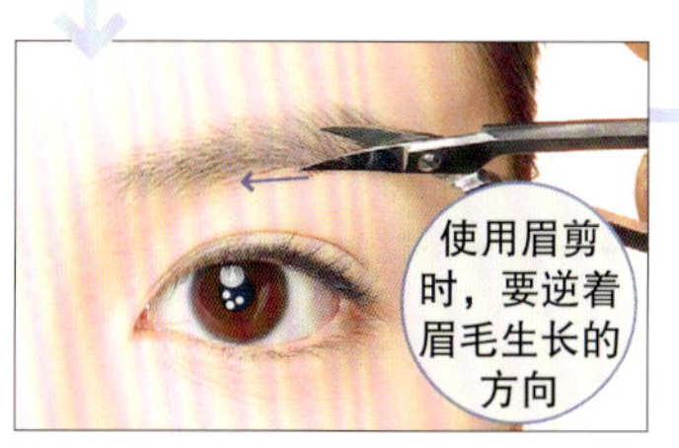

超出外侧眉线的眉毛，要用专门的眉剪修剪干净。

若放任眉毛随意生长的话，眉形就会越来越走样。最少每周1次，可能的话要每3天修剪1次眉毛，要养成持续维护眉毛理想曲线的习惯。

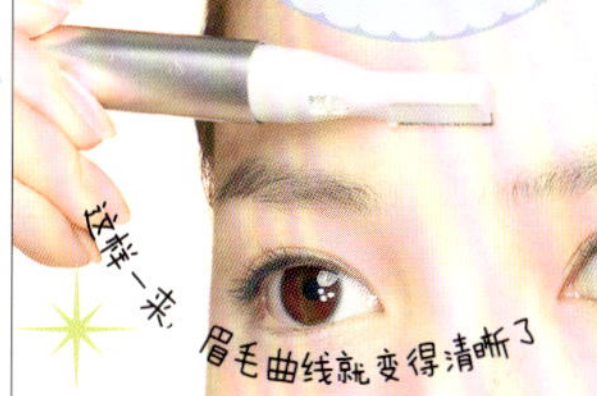

用刮脸用的剃刀清除两眉之间的汗毛。

用镊子拔除不必要的、多余的眉毛。

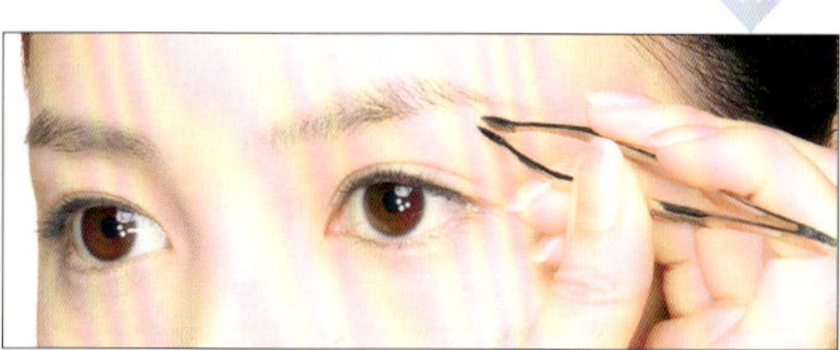

用眉毛膏润饰，使眉形更加自然

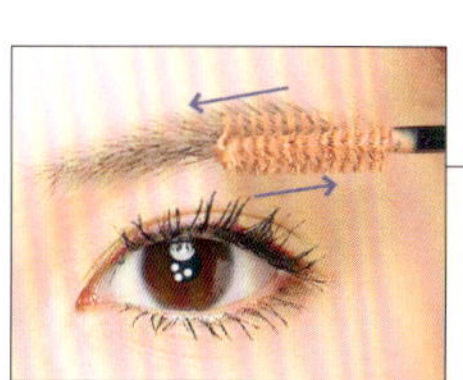
眉毛又黑又浓的话，可以结合头发颜色，选用适当的眉毛膏加以调节，这样可以使面部表情看上去更加自然柔美。为避免生成斑点，眉用睫毛刷要按照眉头至眉尾、眉尾至眉头的顺序反复梳理。

轻松打造出色泽明亮，每一根眉毛都整齐自然的眉形。

眼影

化眼妆时，把握好 3 部分的平衡是非常重要的。所谓 3 部分，指的是给眼睛制造出阴影效果的眼影、强调眼睛边框的眼线、突出水灵质感的睫毛膏。其中，眼影能够营造出微妙的差异效果，所以让我们一起来了解并掌握最基础的涂眼影方法吧！

浓淡不同，让眼睛看上去充满活力与立体美感

涂眼影的范围十分重要。明亮的颜色要涂在眼皮上方、手指能感触到的眉骨内侧凹陷部分。

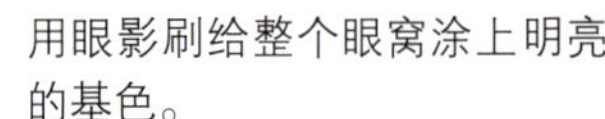

用眼影刷给整个眼窝涂上明亮的基色。

涂得范围太宽的话，整个人看起来就过于沉重

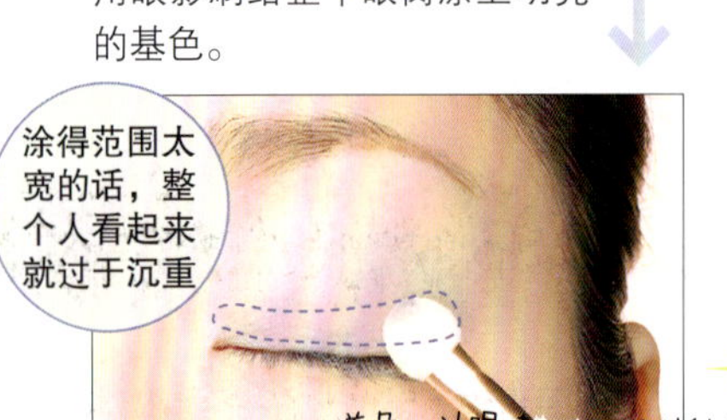

扁头眼影棒蘸取偏深色的眼影涂在眼窝边缘，然后晕染开。

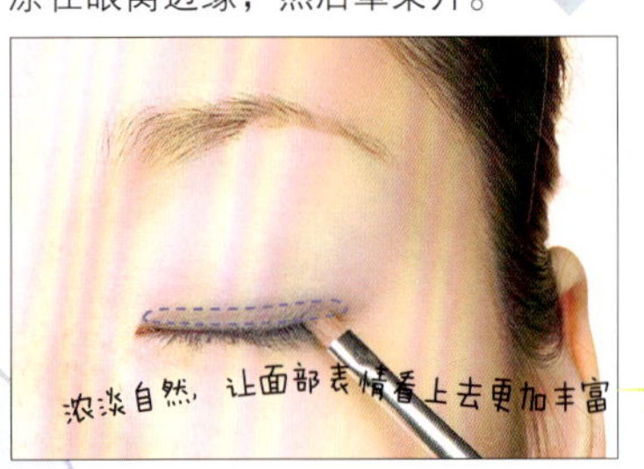

接下来在眼睛根部褶皱处涂上深色眼影。

化什么样的眼妆，这其中眼皮的类型也是非常重要的一个因素。放开能突显化妆效果的双眼皮暂且不谈，给内双或单眼皮涂眼影时就要加以注意了。眼皮内双容易使眼睛看起来有些浮肿，这类人涂在眼窝处的眼影基色最好选用深色。另外，不易形成面部表情的单眼皮则相反，要选用较浅的米色系，用指尖向眼窝外侧大幅晕染即可。

眉毛下方涂上一层白色的提亮粉，营造自然的透明质感。

明星技巧

肤色白皙、底妆较淡的人，眼影也应该选择单色。清爽的妆容看起来非常的淡雅。用眼线强调眼部微妙的差别。

不要涂得太宽

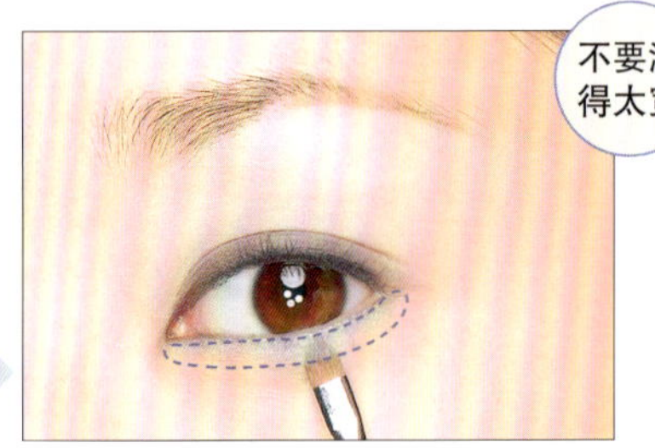

眼睛下方首先要用眼影基色从眼头涂到眼梢。

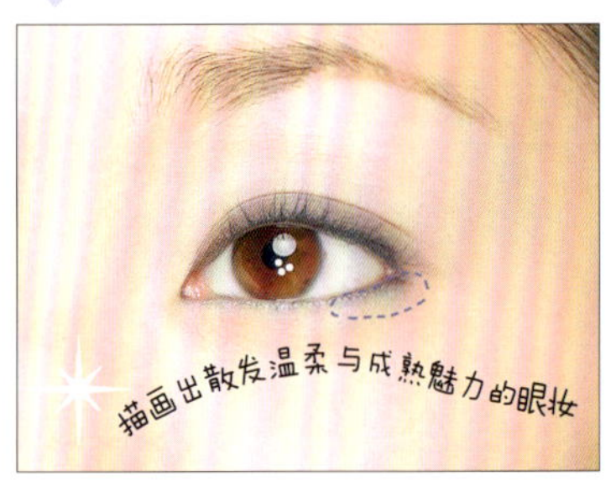

从眼梢开始一直到眼睛 1/3 处，要涂上与上眼睑眼睛根部褶皱处颜色相同的深色眼影。

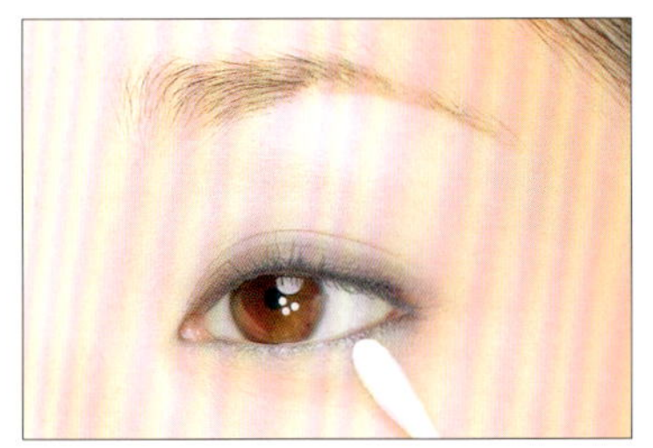

用棉棒晕染开不同颜色的交界处，使其相互融合。

眼影

使用2种颜色&用手指实现自然美感

用手指肚取作为基色的亮色眼影，然后涂抹在眼窝处。

用眼影棒加以调整，促进眼影与肌肤的贴合度。

只需简单两步，就可以涂好整个眼窝

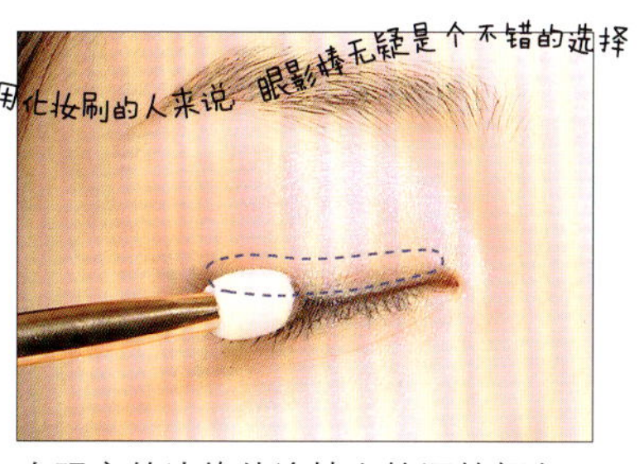

对于不习惯使用化妆刷的人来说，眼影棒无疑是个不错的选择

在眼窝的边缘处涂抹上较深的颜色。

别忘了在眉毛下方涂上白色的提亮粉。

若想涂抹出的颜色浓淡自然，较深颜色之外的浅色和深色最好选择同一色系的两种颜色，这样打造出来的浓淡效果不容易失败。下面向大家介绍一组浓淡搭配的实例。

亮粉色 紫色：即便是有生以来第一次涂眼影，选用这一基本搭配也会很容易操作。能给人留下女性柔美印象。

米黄色 亮棕色：很容易和肌肤贴合，营造出成熟魅力，给人以自然美感。

银色 黑色：如果想要妆容稍微出位一些，推荐选用这一组合。效果鲜明，给人时尚前卫的美感。

描画的形状类似“く”

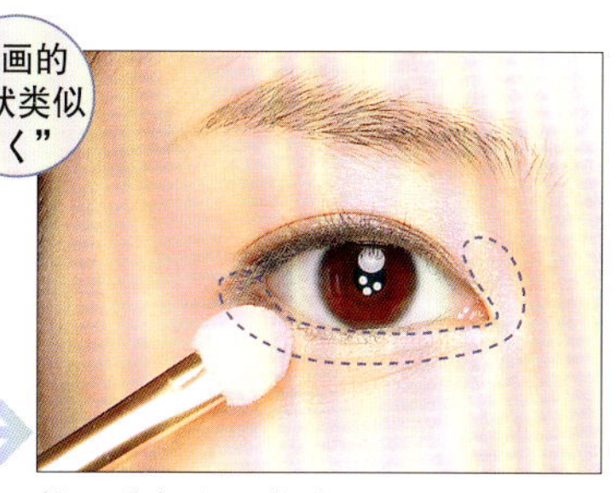

较深的颜色不能太明显。在眼睛下方涂上基色，按照“く”的形状从眼头一直画到眼梢。

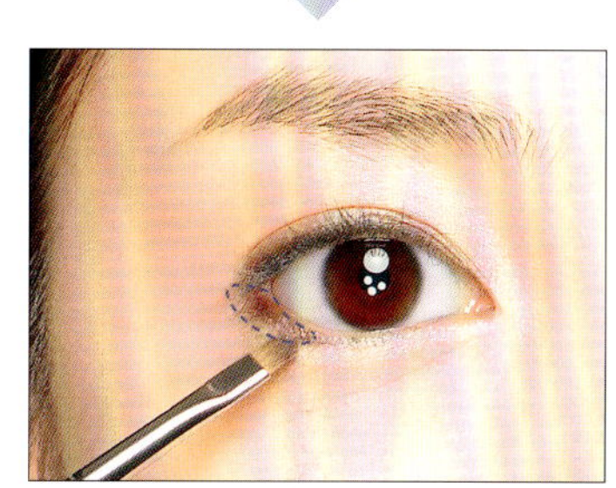

从眼梢开始到眼睛1/3处，涂上深色眼影。

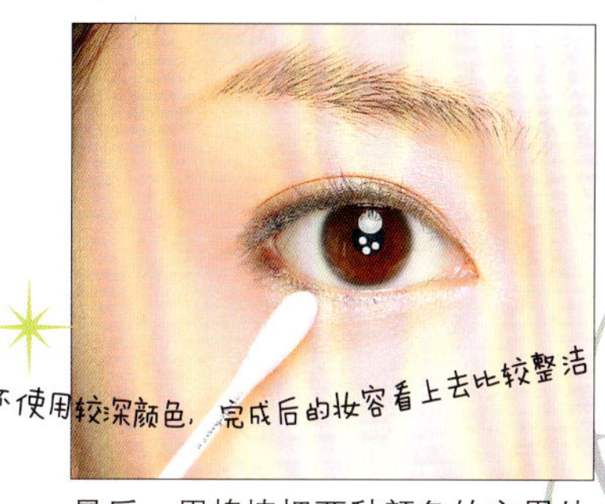

不使用较深颜色，完成后的妆容看上去比较整洁

最后，用棉棒把两种颜色的交界处晕开。

眼线

和通过形成眼睛阴影来制造面部表情的眼影相比，眼线则主要用来强调眼睛的轮廓。可以根据想要的不同效果来区别使用不同类型的眼线，譬如眼线笔可以营造出自然的效果，而液状的眼线液则看起来效果鲜明、引人注目。

眼线笔可以营造出自然美感

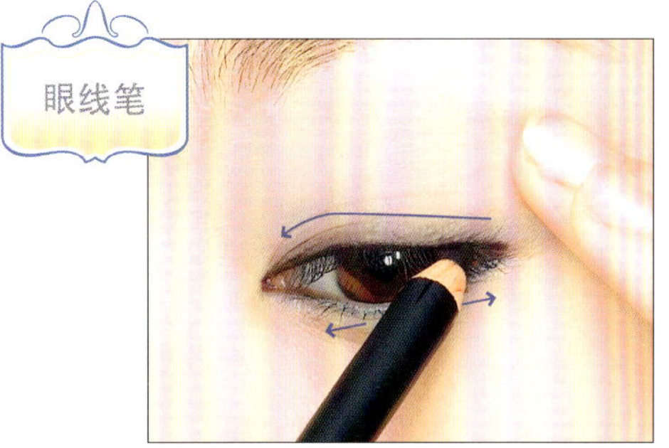

用手指轻轻向上提拉眼睑，从眼梢开始一直画到眼头，注意要左右轻轻点触。若使用眼线笔，画出的线条有些凹凸不平也没有关系。

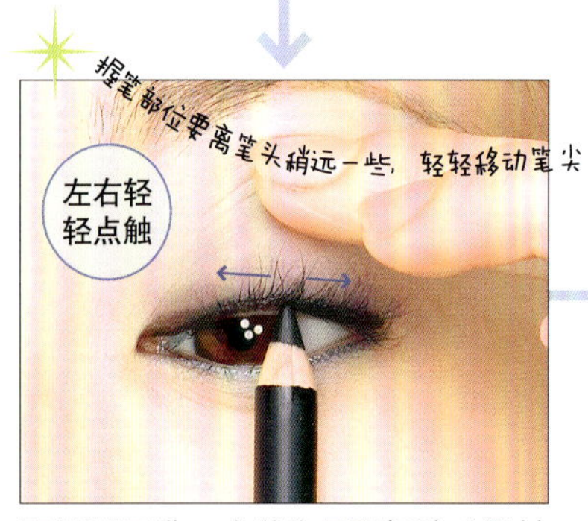

眼线要画满，感觉像是要把睫毛褶皱间的空隙全部填补起来一样。

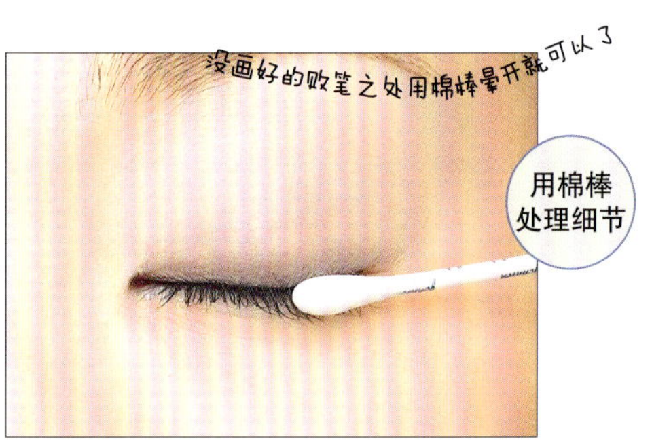

用棉棒把凹凸不平的眼线外侧修整平滑，这样一条完美的眼线就大功告成了。

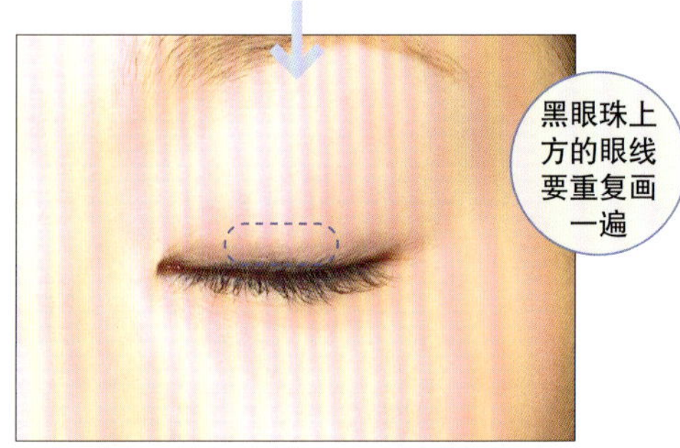

接下来要把黑眼珠上方的眼线重复画一遍，画粗一些，这样能让黑眼珠看上去更大。

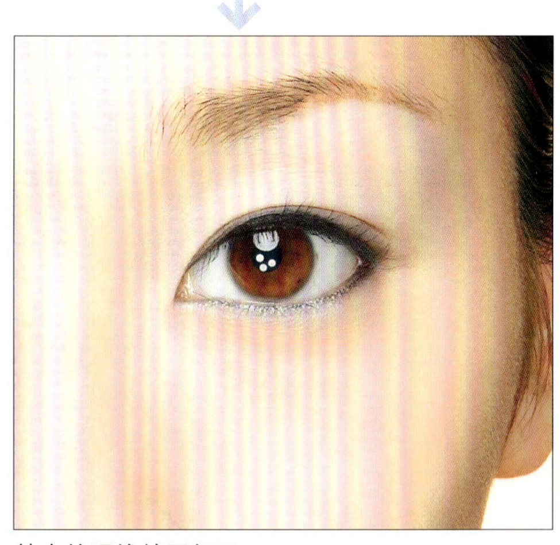

基本的眼线就画好了。

模特技巧

从眼梢睫毛稍微靠里一点的地方开始画眼线，一直画到眼头，然后再反过来，朝向眼梢一点点地拉伸眼线。这样画出来的眼线更加自然。最后，顺势抽离笔尖即可。

明星技巧

用白色的提亮粉在上下眼睑的内侧线条处（眼睑根部褶皱处的黏膜部分）再画上一条线，可以进一步提升眼线整体的透明质感，能让双眼看上去更大更水灵。上下眼睑都按照从眼梢到眼睛中央、从眼头到眼睛中央分两段画眼线，完成后的效果会更加理想。

眼线液

效果鲜明、引人注目

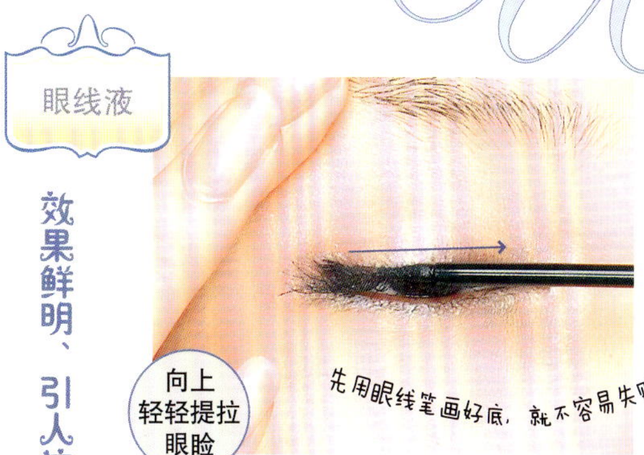

眼线液打造出的眼部效果非常鲜明、引人注目。使用眼线液时，注意要从眼梢到眼头一气呵成。为避免画好的线条凹凸不平、过于粗糙，拿眼线笔的胳膊肘部一定要固定好。

大大的黑眼珠，眼线如同魔法师

手指轻轻地把下眼睑向下拉，然后在眼睑根部褶皱处的黏膜部分——内侧线条处画上跟黑眼珠等长的线条。

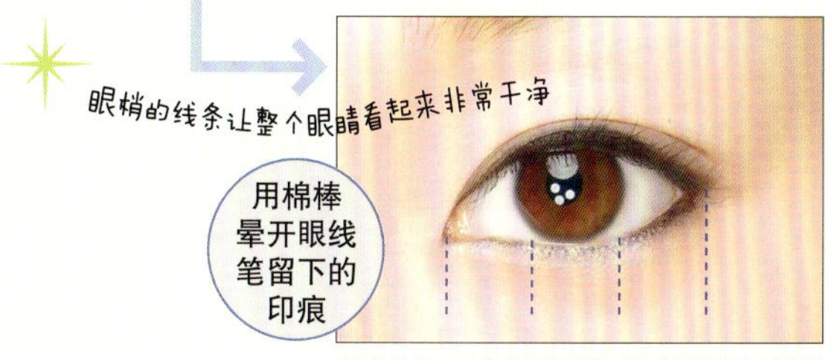

接下来，在下眼睑从眼梢开始到眼睛的 1/3 处也画上眼线。如此一来，画好的眼睛看上去整洁干净而且散发成熟魅力。

画到眼头之后，为使眼梢处的眼线配合眼梢睫毛弧度，要顺势抽离眼线液的笔头。若把眼线画得稍长一些，就能使眼睛看起来更加修长。

睫毛夹、睫毛膏

正如“美丽源自细节”这句话所说的，令人意外的是，睫毛往往会决定整个眼妆的形象。那么就让我们了解并掌握使用睫毛夹及涂睫毛膏的基本方法，用生动活泼的睫毛阐释漂亮的眼妆吧！

注意3要点，睫毛夹使用起来得心应手

只要注意这3点，那么事情就会变简单

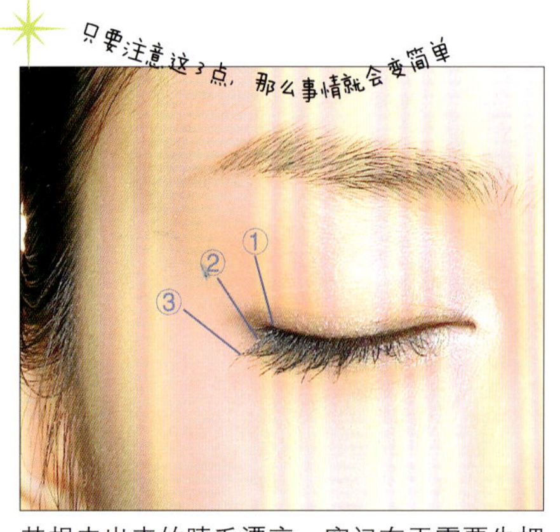

若想夹出来的睫毛漂亮，窍门在于需要先把整个睫毛分为①根部、②根部到1/2处、③1/2处到睫毛尖三部分，然后按照顺序依次夹睫毛。

That's NG!

不要过度用力，睫毛尖不能夹弯曲

使用睫毛夹时，千万不能过度用力。如果用力过大的话，睫毛就会断掉。尤其是③睫毛尖处，不能过度用力，不能夹弯曲，轻轻夹一下就可以了。

首先轻轻地夹起睫毛根部，可以多夹几次，使根部卷翘。然后同样将②的位置夹起，最后顺势贴近睫毛尖。

涂睫毛膏时，每一部分的涂抹方法有所不同

首先是中间部分，用手指向上提拉上眼睑，睫毛膏刷头水平横向放置，然后从睫毛根部开始，如同刷牙般左右轻轻点触，一直涂抹至睫毛尖。

处理眼头部分时，睫毛膏的刷头要纵向朝下使用。充分涂抹完根部之后，顺势滑出睫毛尖即可。

涂睫毛膏时不能一下子涂满整个眼睫毛，要沿着睫毛弧度，分眼头、中间部分、眼梢3部分涂抹。这样的话，不但可以减少失败次数，而且通过改变各部分的涂抹方式，能够打造出丰富的面部形象。

模特技巧

若想使较短的睫毛看上去更加纤长，可以事先涂一层含有纤维成分的睫毛增长液，然后再涂睫毛膏，这样就会达到纤长的效果。

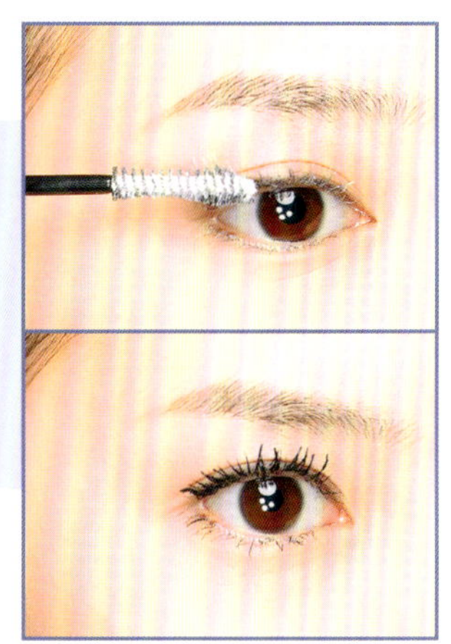

一定要选择防水型的睫毛膏。在此基础上，可以再根据个人喜好选择具有浓密、纤长等不同效果的睫毛膏。需要注意的是，浓密型的睫毛膏如果涂抹过量的话，就会堆积成团，所以不可以涂太多。

处理眼梢时，睫毛膏刷头要斜着将 1/3 的睫毛尖向外侧拉伸。

涂下眼睫毛时，要使用睫毛膏刷头的顶部，边左右转动刷头边涂遍整个睫毛。

最后，从睫毛根部到睫毛尖，用睫毛膏刷头的顶部再整体涂一遍。

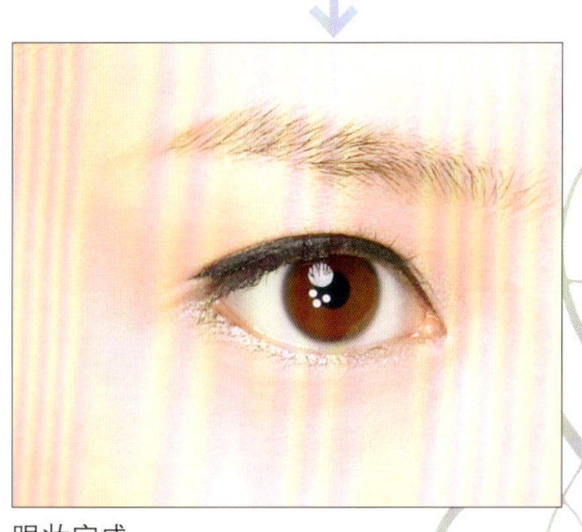

眼妆完成。

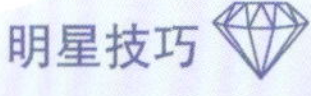

明星技巧

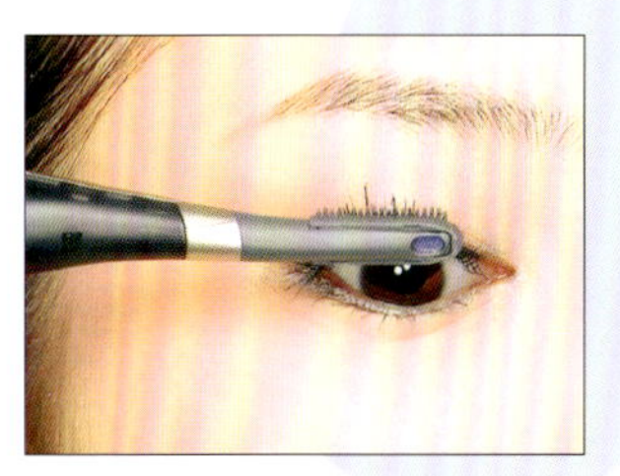

不用花太多钱就可以购买到睫毛烫。在涂完睫毛膏后，使用睫毛烫可以清除多余的油液成分，避免睫毛膏堆积成团，睫毛也可以重新恢复卷翘。使用睫毛烫时，也要采用基本 3 要点的涂抹方式。

腮红、颊影

整个化妆工作终于步入了最后阶段。首先在底妆上涂上腮红，打造出自然的肤色。只需轻轻扫一下，整个脸孔马上就变得生动起来，而且呈现出立体美感。若想在此基础上进一步实现小脸效果，那么可以尝试着用一下颊影。

腮红

用腮红刷轻轻地扫3下

脸颊较高的地方

面带微笑，找出脸颊变高的地方。给以此处为起点，朝向耳朵方向的扇形区域涂上腮红。

"美丽滑扫"让双颊变得生动

将充分蘸满腮红粉的化妆刷放置于脸颊较高的部位，然后朝向耳朵方向来回扫3次。涂完一侧的脸颊后，将化妆刷翻转过来，在另一侧脸颊上再来回扫3次。注意腮红不能沾染到化底妆时涂的提亮粉（详见第66页）。

为了避免生成斑点，让腮红刷放平后在腮红粉上转几下，使其充分沾满腮红粉。多余的粉末可以事先用刷子在手背上扫一下、调节一下用量。

That's NG!

中间不要补涂腮红

若中间补涂腮红，左右脸颊颜色就容易变得深浅不一。如果实在想补涂，那么一定要等左右脸颊都涂好之后再实施。

颊影

利用颊影可以轻松打造出小脸效果

腮红颜色不同，呈现出的效果以及能给人留下的印象也不尽相同。下面列举的3种颜色操作起来都非常简单。那么，您今天想尝试哪种风格呢？

淡粉色

淡粉色的腮红，整体看起来感觉非常的柔和。若想走自然路线，淡粉色无疑是最佳选择。

棕色

棕色腮红往往与肤色很相配，这几乎出乎所有人的意料。它能够让人看上去更加成熟、更加优雅。

粉色

虽然同为粉色，但添加有珍珠成分的珠粉色腮红能使肌肤看上去更加透明。

所谓颊影，是指用深色的腮红粉描出脸部轮廓、制造出阴影，从而营造出紧致小脸效果的一种化妆方法。可以选用米色或棕色系等较暗的颜色，轻轻扫一下即可，千万不可以涂太多。

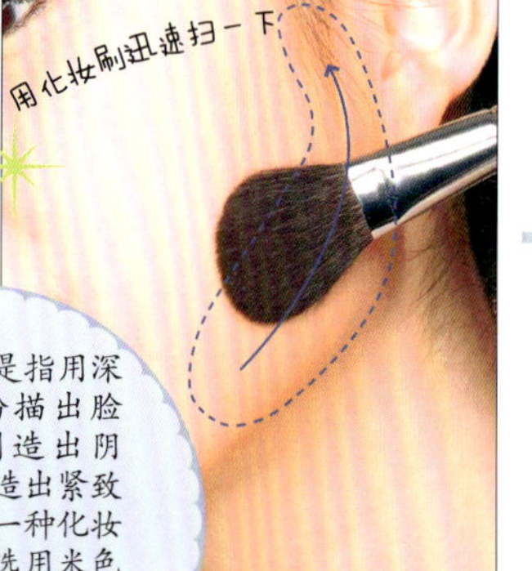

从下巴开始一直画到耳朵前侧，用化妆刷涂出阴影效果。

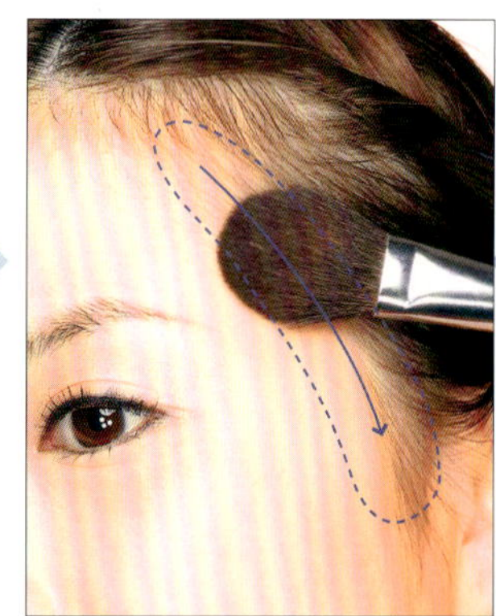

接下来，从鬓角的发际开始涂颊影，一直涂到太阳穴。

如果不知道涂多少腮红才合适，可以一点一点地慢慢增加用量。如果不小心涂多了，也绝不能直接擦除，要用纸巾包住粉扑等轻轻吸除、从而调节用量。

为了避免过分突出脸颊，可以用蘸有蜜粉的粉扑晕开腮红的轮廓，促进腮红与肌肤的贴合度。

打造出具有生动表情与立体美感的脸颊。

自然的阴影能够紧致脸部轮廓

颊影涂抹完毕。尤其是拍照时，使用颊影的话可以起到惊人的瘦脸效果。

口红

在《星级俏美人》所追求的自然且基础的化妆过程中，散发透明美感的口红是必不可少的一部分。技巧要点在于使用唇刷涂遍嘴唇的每一个角落。大家一起来学习如何打造出亮泽水嫩的丰盈娇唇吧！

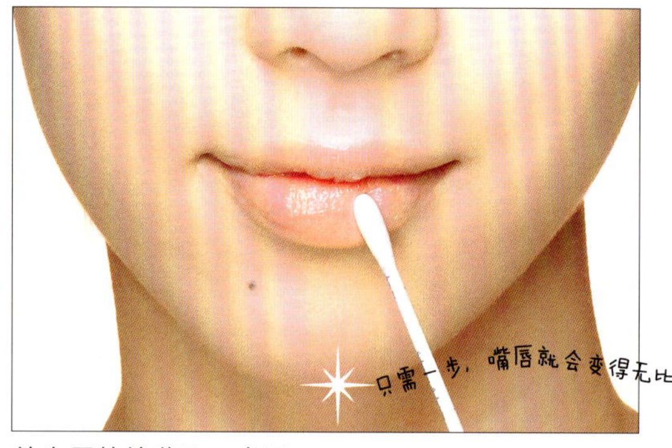

化唇妆的根本在于使用唇刷充分涂抹

涂口红时，要先从下嘴唇开始。首先涂中间部分，然后从嘴角开始向内侧中间部分靠拢，这样就能避免口红堆积在两侧的嘴角。上嘴唇同样要先涂中间部分，然后再从唇角向内涂。

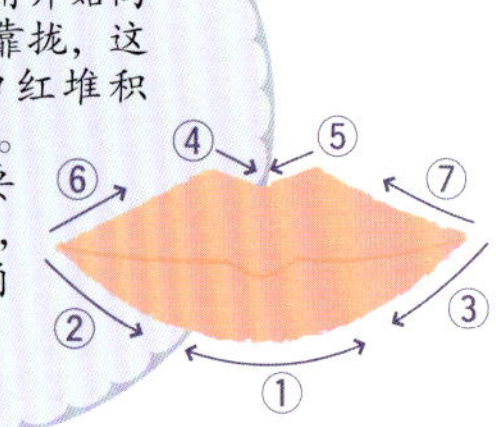

首先用棉棒蘸取一定量的唇膏，然后涂在嘴唇上。这样有利于充分保湿、避免嘴唇干裂。上下嘴唇轻抿，促进唇膏充分吸收，然后再用纸巾轻轻抿一下。

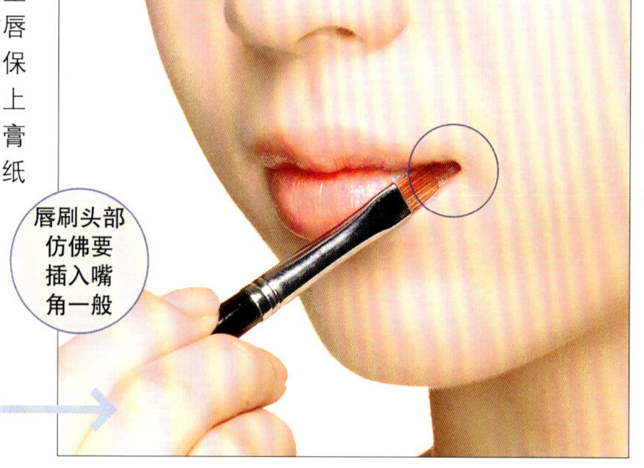

为了不露出嘴唇原色，唇刷要蘸取足量的口红。稍稍张开嘴巴，让唇刷头部呈插入之势沿唇形涂抹唇角部分。

That's NG!

所谓唇线，是指嘴唇与脸部肌肤的分界线

嘴唇轮廓并不是肉眼所见的红色区域，而是用手指触摸时可以感觉到的凸起部分，即嘴唇与脸部肌肤的分界线。所以如果只凭外在观感来涂口红，就很难画出漂亮的唇形。这一点一定要加以注意。

根据肌肤明暗度及颜色来决定口红颜色时，由于可供选择的范围很广，所以很多人经常会犹豫不决、拿不定主意。虽然一般来说，肤色较明亮的人应该选择粉色系、肤色较暗黄的人应该选择米色系，但是根据时间、地点及场合不同，也可以尝试以下几种颜色。

裸咖色

若想唇妆看起来更为自然，推荐使用裸咖色。

淡粉色

妆容重点放在眼部时，使用淡粉色会自然突出嘴唇的存在感。

玫瑰色

参加聚会或夜晚外出时，深红的玫瑰色会使人散发出成熟魅力。

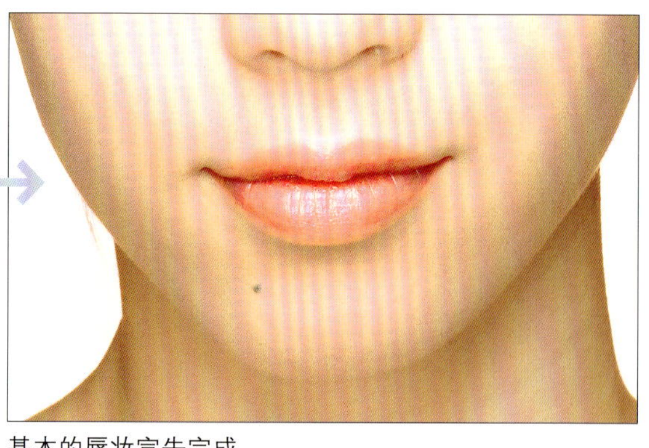

基本的唇妆宣告完成。

要选择同一色系的唇彩和唇线笔

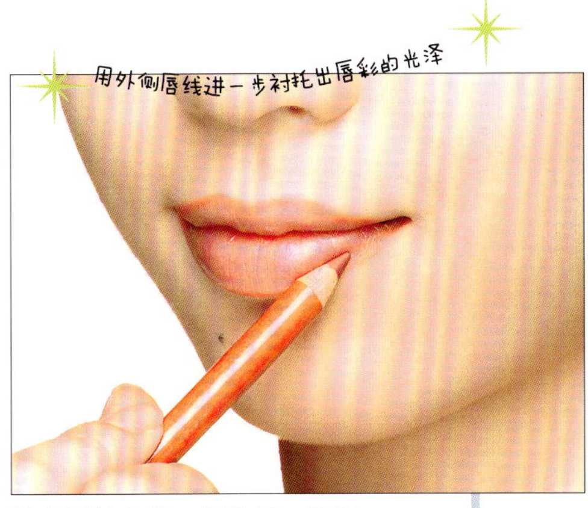

涂完最基本的口红之后，用和口红同色系的唇线笔沿嘴唇轮廓画上唇线。

画好唇线之后，在唇线内部涂上同一颜色的唇彩，晶莹亮泽的唇妆即告完成。

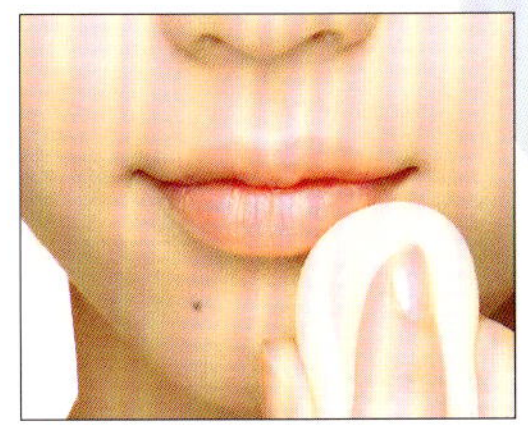

明星技巧

如果想改变嘴唇原有的轮廓，可以先用固体粉底加以修饰，然后再用唇线笔画出新的外侧曲线即可。

试着画一个低调、无光泽的唇妆吧

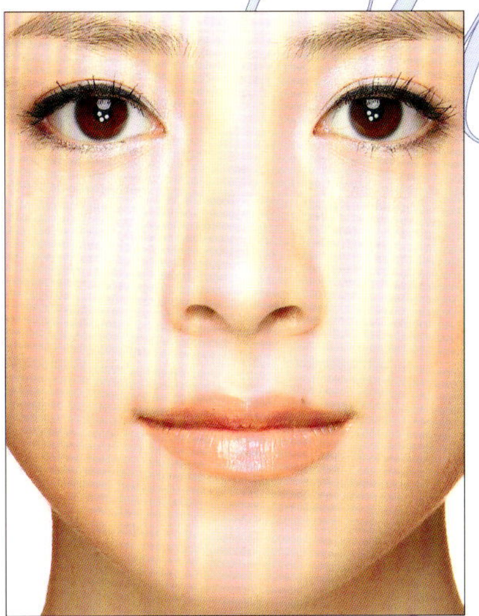

涂完最基本的口红之后。

用指尖或粉扑取一些蜜粉或腮红涂在嘴唇上，这样打造出来的唇妆看上去就会很低调，不那么鲜艳。

补妆

即便清晨用心化了一个很漂亮的妆容，但是随着时间的流逝，面部出油，个别部分的妆容也会脱落……为了使漂亮的妆容能一直持续到夜晚，需要时常照镜子补妆，所以了解并掌握完美的补妆技巧！

迅速补妆，漂亮一整天

用纸巾清除T形区及两侧鼻翼突显出来的油脂。注意千万不能用力擦拭，只需轻轻地用纸巾吸走浮出肌肤表面的油脂即可。

与T形区相反，眼睛等处很容易变得干燥，所以这时候就要用保湿喷雾（化妆水）全面呵护整个脸孔。记住要用纸巾清除多余的水分，稳定肌肤状态。

时间一长，用来遮掩痘印及斑痕的遮瑕膏也多少会有些脱落。这时，要用棉棒将遮瑕膏与其周围的粉底巧妙融合。

两侧鼻翼泛红的部位也要用蘸取了粉底的海绵轻轻修补，最后用蜜粉或固体粉底收尾即可。

妆容变花了，这其中最让人在意的部分要数从额头到鼻梁T形区分泌出的油脂。只要能控制住不让皮脂浮出肌肤表面，那么整个人给他人留下的印象就会大不相同。若过度清除皮脂，则会导致皮脂分泌越发旺盛，所以建议不要使用吸油纸，而是用纸巾轻轻吸走油脂即可！

补妆

随着时间的流逝，上眼睑处的眼影也会有所脱落。首先用指尖轻轻拂拭，促进化妆品之间的相互融合，然后有必要的话可以再薄薄地重新涂一层眼影（详见第 70 页）。

鼻唇沟的活动比眼部活动要更加频繁，此处是底妆中最容易变花的地方。先用指尖拂拭花掉的部分，然后再用蘸取了粉底的海绵加以修补。

一定要注意眼部及鼻唇沟处

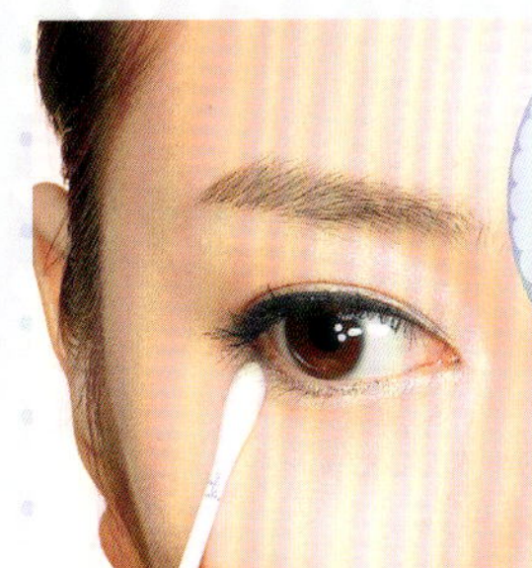

乳液中的油脂及水分比例十分均衡，非常适合用来补妆。外出时在化妆包里放一小瓶乳液会非常便利。

用含有乳液的棉棒

眼睛部分还有一个地方需要注意，那就是睫毛膏和眼线脱落问题。处理由于流泪等原因沾在下眼睑处的化妆品时，要先用含有乳液的棉棒轻轻沾除，然后再补涂一层粉底。

补完妆之后，最后一定要再涂一遍腮红（详见第 76 页），这样才够自然。

风格造型　雅致优美

掌握了最基本的化妆技巧之后，可以根据不同的时间、地点和场合以及流行趋势来尝试不同的风格。只需改变肤色搭配及眼睛细节部分，就能给人留下不同印象。

天川美穗

Elegant

奢华且轻松的风格，追求自然优雅

向外侧弯曲的蓬松卷发

粉底

使用粉底液，注意要比平时更加用心地促进粉底与肌肤的融合。最后再仔细地涂上蜜粉。

腮红

打造出优雅风格的关键所在。眼睛和嘴唇要保持自然美感，然后在棕橙色的腮红中加入提亮粉，从而营造立体美感。

口红

粉红色的口红，含有珍珠成分的唇彩。看上去性感迷人。

眼影

给整个眼窝涂上含有珍珠成分的金色眼影，这样可以进一步突出双眼皮部分近似于深蓝色的紫色和眼线部分。

睫毛膏

选择了浓密型、存在感十足的睫毛膏，这样眼部能给人留下深刻的印象。考虑到平衡之美，眉毛不能画得过于突兀。

眼线

要比平时画得粗一些，内侧线条也要认真画好。

参加聚会等场合时，推荐这款奢华、高雅的造型。不需要过分强调整个妆容，只要保持基本的自然美感即可。注意要下意识地突出自己喜欢的局部风格。

风格造型 清爽利落

直发，侧面一直延伸至胸前

Cool

干练的知性美，利落的造型

粉底
一般常见的、能打造出自然效果的粉底。

眼影
用散发浅蓝色泽的亮白珍珠色，涂满整个眼窝。双眼皮部分涂上近似于蓝色的紫色，营造清澈的眼部形象。下眼睑的眼头到眼梢全部都要涂上亮白珍珠色，以给人留下深刻印象。

眼线
使用眼线液，营造修长的眼部效果。

睫毛膏
睫毛无需过度卷翘，用睫毛烫向上提升，营造出直线效果。眉毛要画得稍长一些。

腮红
提亮粉和颊影打造出干练形象。选用米粉色腮红，略呈锐角状涂在脸上。一定要注意浓淡搭配。

口红
给人感觉要柔和，故选用和肤色相近的米色系口红。

用色比较低调，通过眼线及眉毛等线条来突出妆容效果，演绎出干练、利落的女性形象。为避免过于突出唇部，选择了与肌肤相近的米色系口红。

风格造型　随性自然

化妆时，不能刻意地去模仿谁，知道“自己想以什么样的形象示人”才是最为重要的。所以希望大家不要一味地模仿本书所介绍的造型，只需当做参考，让它帮助您打造出自身所希望的风格即可！

利用肌肤本身的淡雅随性来一睹输赢的甜美可爱妆。实施起来其实并非那么简单。若想营造出健康的形象，首先肌肤本身要有透明质感，其次眼妆和唇妆也要干净漂亮。

风格造型 娇柔妩媚

Feminine

暖色系妆容，营造出柔美的女性形象

粉底
认真地涂抹粉底液，打造出如丝绸般光洁的肌肤。

腮红
将米橙色的腮红圆圆地涂在双颊上，注意腮红边缘不要过于突出。只是如此会使人看起来有些过于天真，所以再用提亮粉和颊影突出内在底蕴和深度。为了不破坏高雅的美感，颊影用量应当适度。

向内侧弯曲的卷发以及刘海，营造出甜美形象。

口红
樱桃粉让人看起来更加娇美。注意唇彩用量不可以太多。

眼影
黄色或橙色等暖色系让眼睛微微散发出温柔魅力。

睫毛膏
稍微多涂一些，让眼睛看起来圆圆的。

眼线
眼影要淡雅柔和，相比之下清晰的眼线能够有效突出眼妆的美感。

虽然是用心化好的妆容，但丝毫没有过分修饰之嫌，反而突出了女性的娇美与温柔。注意不要暴露化妆痕迹，妆容效果要柔和自然。但是另一方面，还要不动声色地通过细节部分来突显女性魅力。

图书在版编目（CIP）数据

星级俏美人：超级护肤、塑身、美妆术 /（日）SDP编著；韩辉译. —沈阳：辽宁科学技术出版社，2012.5
ISBN 978-7-5381-7386-4

Ⅰ.①星… Ⅱ.①S…②韩… Ⅲ.①女性—皮肤—护理—基本知识②女性—减肥—基本知识③女性—美容—基本知识 Ⅳ.①TS974.1②R161

中国版本图书馆CIP数据核字（2012）第028563号

策划制作：北京书锦缘咨询有限公司（www.booklink.com.cn）
总 策 划：陈 庆
策　　划：李 伟
设计制作：李新泉

出版发行：辽宁科学技术出版社
(地址：沈阳市和平区十一纬路 29 号　邮编：110003)
印 刷 者：北京瑞禾彩色印刷有限公司
经 销 者：各地新华书店
幅面尺寸：185mm × 260mm
印　　张：5.5
字　　数：37千字
出版时间：2012年5月第1版
印刷时间：2012年5月第1次印刷
责任编辑：卢山秀　谨　严
责任校对：合　力

书　　号：ISBN 978-7-5381-7386-4
定　　价：32.80元

联系电话：024-23284376
邮购热线：024-23284502
E-mail: lnkjc@126.com
http: //www.lnkj.com.cn
本书网址：www.lnkj.cn/uri.sh/7386